图画通识丛书
A Graphic Guide

社会学

Sociology

［英］约翰·内格尔（John Nagle）/ 文
［英］皮耶罗（Piero）/ 图
符隆文 钟源 / 译

三联书店

图书在版编目（CIP）数据

社会学 / (英) 约翰 · 内格尔文 ; (英) 皮耶罗图 ; 符隆文，钟源译. —北京 : 生活 · 读书 · 新知三联书店，2023.10
(图画通识丛书)
ISBN 978-7-108-07692-2

Ⅰ. ①社… Ⅱ. ①约… ②皮… ③符… ④钟… Ⅲ. ①社会学 Ⅳ. ① C91

中国国家版本馆 CIP 数据核字 (2023) 第 124581 号

责任编辑 黄新萍
装帧设计 康 健
责任校对 张 睿
责任印制 宋 家
出版发行 生活 · 讀書 · 新知 三联书店
(北京市东城区美术馆东街 22 号 100010)
网 址 www.sdxjpc.com
图 字 01-2022-3906
经 销 新华书店
印 刷 北京隆昌伟业印刷有限公司
版 次 2023 年 10 月北京第 1 版
2023 年 10 月北京第 1 次印刷
开 本 787 毫米 × 1092 毫米 1/16 印张 5.75
字 数 50 千字 图 169 幅
印 数 0,001 – 5,000 册
定 价 39.00 元
(印装查询：01064002715；邮购查询：01084010542)

目 录

001 “功夫”社会学
003 没有所谓的社会这回事?
004 社会学是什么?
006 社会学的想象力
008 公共社会学
010 提线木偶和危险的巨人
011 社会学的渊源和诞生
013 黑格尔和人类精神
016 奥古斯特·孔德：社会学之名的由来
017 静态和动态
021 斯宾塞和社会进化
022 卡尔·马克思：冲突与革命
024 社会冲突
028 涂尔干：学科的发展
029 社会团结
030 社会事实
031 犯罪
032 自杀
034 马克斯·韦伯
035 理想类型
037 新教伦理与资本主义
040 铁牢笼
041 结构功能主义：塔尔科特·帕森斯
043 符号互动论：赫伯特·布鲁默
045 城市化
050 微观社会学：欧文·戈夫曼
052 印象管理
053 情感劳动
055 当代社会学：米歇尔·福柯
056 社会建构论
057 知识就是力量
060 社会分类

061 监狱：规训与惩罚
064 监控社会
068 失败的消费者
069 皮埃尔·布迪厄
071 文化资本
075 区隔与品位
077 社会阶级
080 后现代主义
081 元叙事
085 社会学与性别
086 性别是生理的还是社会建构的?
090 性别表演
094 性别秩序
095 霸权式男性气质
097 变迁中的男性气质
098 男性气质的危机
099 同性恋的男性气质
100 种族和族群
103 双重意识
104 社会学与移民
106 文化种族主义
109 伊斯兰恐惧症
111 多元文化主义
113 文化相对主义
114 承认
117 批评多元文化主义
118 本质主义与跨文化主义
119 全球化
120 时空压缩
122 时空分延
123 世界体系理论
124 中心和边缘
126 文化全球化
127 同质性
130 异质性
132 全球本土化
133 风险社会
135 第一现代性
136 第二现代性
138 应对风险
139 新的机会?
140 世界性的视野
141 全球公民社会
142 国际非政府组织
143 全球社会运动
145 全球变迁?
146 社会运动

“功夫”社会学

知名社会学家**皮埃尔·布迪厄**（Pierre Bourdieu，1930—2002）在一部关于他工作和生活的纪录片里，提到过“社会学是一门武术”。布迪厄并不是说大家学习社会学就能自动变成黑带功夫选手，他其实想表达社会学的价值在于“揭露社会支配”，也就是揭露基于阶级、种族、性别和其他因素的社会不平等的形式。在我们的日常生活中，社会支配无处不在，但它经常被掩盖起来，使人难以察觉。对布迪厄而言，社会学的作用就在于揭示我们身边的社会支配及其运作机制。

我常说社会学是一门武术，是一种自我防御的手段。基本上你是用社会学来保护自己，而不是用于施展不正当的进攻。

这不是一本用于指导读者改变社会的自助指南或操作手册。本书的目的其实很简单，那就是通过介绍社会学主要的理论家、概念和观点，让读者熟悉这门学科丰富的思想传统。诚然，正如布迪厄所言，接触社会学就像学习一门武术。阅读本书也能让你得到一些对于建设一个公平和公正的社会而言必不可少的训练。

社会学的职责在于帮助个人。我们必须致力于实现自由。

齐格蒙特·鲍曼（Zygmunt Bauman，1925—2017）

没有所谓的社会这回事？

1987 年，时任英国首相**玛格丽特·撒切尔**（Margaret Thatcher，1925—2013）在一次访谈中抛出了她著名的观点：

没有所谓的社会这回事。

撒切尔关于社会的论断在社会学家看来，既认同，也不认同。虽然人们看似拥有“个人”行动自由和充足的选择机会，但我们的选择实际上受限于我们身处的社会群体。不过社会学家认为撒切尔说得对，是因为社会总是在变动之中，并没有一成不变的制度形态。在这个意义上，社会并不存在。

我们的价值理念和个人机遇源于我们在社会中所处的位置。社会就是人们围绕共同目标的日常互动之总和。

社会学是什么？

有没有办法简单地给出社会学的定义？这个任务似乎有点困难。作为学科的社会学已有超过一个世纪的历史，并且涵盖了不同的理论视角和研究方法取向。其中一种定义认为，社会学是一门系统性地研究人们如何受社会影响并同时影响社会的学问，同时社会学也研究与群体、社会和制度相关的现象。

好的社会学研究能为社会组织和事件提供有意义的描述，有效解释它们的起源和持续存在的原因，同时提供切实可行的改进或调整方案。
WE DEMAND
MINIMUM WAGES COVERAGE FOR ALL WORKERS NOW!
EFFECTIVE CIVIL RIGHTS LAWS NOW!

霍华德·贝克（Howard Becker，生于1928年）

社会学的目的或视角，在于揭示社会结构如何限制我们的生活，同时又为我们的行动提供条件。

社会结构（social structures）指的是人们之间相对稳定的、由制度塑造的关系。社会学勾勒出社会结构的样貌，让我们得以看清作用在自己身上的社会力量。

社会学挑战了将人类行为视作纯粹个人主义或由生物本能驱动的迷思。社会学鼓励我们去思考将我们变成社会一员背后的社会动力。

透过社会学之眼，我看到社会群体对我的生活选择和经历有相当重要的影响。

社会学的想象力

用社会学的方式去思考即是美国社会学家**赖特·米尔斯**（C. Wright Mills，1916—1962）提出的“社会学的想象力”。米尔斯说，当我们发展出一种社会学的想象力的时候，我们开始看到宏观社会力量和个人生活经历之间的关联。对米尔斯而言，社会学的想象力之所以强大，就在于它不将我们身边的诸多问题归咎于个人的过失，而是从社会层面去寻找原因。

我努力工作能不能换来这个月的房租，这跟政府的最低工资制度和劳动法有很大的关系。

米尔斯指出，培养社会学的想象力绝非易事。人们总是过于轻易地指责失业者的懒惰和贫穷者的软弱。同样地，当一名高中生以优异的成绩考入名牌大学，我们往往会说这是因为他天资聪颖。但是社会学的想象力促使我们反思种族、性别和社会经济的不平等，这些现象并非天然如此，而是社会世界的产物。

为什么我们要救助那些懒得找工作的人？我完全是靠自己的努力才考上大学和找到工作的，没有谁帮过我。
你要知道，很多个人困扰并不能在个人层面上得到解决，我们必须把它们理解为公共问题。
赖特·米尔斯

公共社会学

培养社会学的想象力是迈向公共社会学的第一步。公共社会学，就其字面含义而言，旨在把民众培养成更积极参与公共事务的公民。公共社会学希望走出“象牙塔”，走向公共政策。社会学一直以来就有深切的公共关怀。很多社会学家，比如**齐格蒙特·鲍曼**（1925—2017），之所以向我们解释社会如何运作，是希望我们去寻找改变社会的方法，造就一个更公平的世界。用社会学的方式去思考，我们将会看清原先被遮蔽的社会情境，也能领悟到我们绝非社会结构的囚徒。

我们对社会系统的运作了解得越多，我们就越有力量去抵御它，甚至可以免受它的影响。

社会学家对于社会的看法似乎相当悲观。事实并非如此。社会学家眼中的人是社会性动物，通过团结合作我们可以改善公共制度，创造一个公平的社会。不过，社会学家也承认，当前的社会普遍存在着各种各样的不平等、阶层分化和歧视。但这些现象并非天然存在。面对这样的社会现状，社会学家相信，作为独立个体和社会群体成员，我们能够改变自己的处境。

提线木偶和危险的巨人

彼得·伯格（Peter Berger，1929—2017）把社会世界比喻为提线木偶剧场。我们好比木偶，社会通过看不见的提线，设定了我们的角色。木偶的操控者躲在幕布之后。但是当我们掌握了剧场的规则，学会了如何扮演自己的角色，我们便能看到剧场运作幕后的机制。

欧文·戈夫曼（Erving Goffman，1922—1982）也看到了社会学的解放潜力，个人可以成为“危险的巨人”，推倒压迫在他们身上的社会结构。

掌握“剧场”运作的机制，是迈向自由的第一步。
作为巨人，当我们开始集体行动的时候，我们就拥有了能够改变世界的力量。

社会学的渊源和诞生

如果说社会学的研究对象是社会力量，那么，是什么样的社会、政治和思想的理念与传统孕育了社会学这门学问？社会学是在 18 世纪晚期和 19 世纪早期剧烈的社会、政治和思想转变中发端的。在接下来的 17 页，我们将带领大家回顾社会学的发展历程。

为什么我们会生活在这样一个史无前例的社会转型之中？
我也不清楚。我想我们需要一门有关社会的科学来回答这个问题。

让我们从那些孕育了社会学这门学科的智识观念开始。**启蒙运动**（Enlightenment）是一个很好的出发点。在 18 世纪启蒙运动的时代，人类迎来了前所未有的智力进步和政治觉醒。启蒙运动的推动者是当时属于激进派的思想家，他们用科学和理性而不是宗教和迷信来解释世界。其中有些学者采用一种建设性的科学视角来分析社会生活，他们认为一门研究社会的科学应该从理性原因来解释社会现象，而不是寻求神学或形而上学的解释。

人类的心智是一张白纸，是经历而不是上帝决定了上面的内容！

约翰·洛克
（John Locke，1632—1704）

黑格尔和人类精神

德国哲学家**黑格尔**（G.W.Hegel，1770—1831）构造了关于社会和历史的“唯心主义”理论。在他的理论中，社会被想象成拥有自己的精神。他设想中的人类精神并不是一种社会性的力量，而是上帝神圣的显现。因此，虽然黑格尔的观点具有突破性，但是并不能称之为社会学。

社会的精神和它的文化塑造了每个人的主观想法，而这些想法影响着我们的行动。

黑格尔把历史描述为一场从本土迈向全球的缓慢且痛苦的转型过程。他认为**民族国家**（nation-state）的出现代表了一种重要的社会制度，人们生活在民族国家，社会的精神也寓于其中。黑格尔对社会学的发展所做的贡献，在于他开创了对社会制度角色的分析——比如宗教和政府——并以此来解释社会变迁与改革。

社会学的诞生源于复杂的社会和政治转型，而这都肇始于法国大革命和工业革命。这两场重要的革命改变了欧洲当时既有的社会形态。**法国大革命**（1789—1799）推翻了君主制王朝，创造出关于国家、宗教与社会生活、政治和社会改革的全新的突破性理念。贯穿于 19 世纪的**工业革命**则在科技进步的驱动下，形成了以工厂为核心的资本主义经济体系。

两场革命带来了社会分化的新形式，而工业化城市的发展搭建了新的历史舞台，让复杂的社会组织形式登台亮相。社会经济意义上的阶级就是在那个时期出现的。

所有人都是平等的，应该享有平等的权利！

面对史无前例的政治和社会转型及其所带来的混乱局面，早期社会学思想家试图解释工业社会产生的根源。他们提出了很多重要的问题，构成了社会学这门学科的核心议题。要回答这些问题，需要继续探究更多的问题。虽然早期社会学理论家关注的问题十分接近，但他们对问题的答案没有达成共识。

如何解释社会之间和社会内部的差异？
是什么让社会在历史长河中不断演变？
为什么有的社会冲突不断，有的社会能够达成共识？

奥古斯特·孔德：社会学之名的由来

目前普遍认为是**奥古斯特·孔德**（Auguste Comte，1798—1857）奠定了社会学这门学科的思想基础。1839 年，孔德创造出“社会学”一词，用以描述他的观点。他深受科学的影响和启发，希望为社会提供科学的解释，并采用**“实证主义”**（positivism）的研究路径。实证主义通过研究可以观察到的现象来分析社会。

孔德认为理性思考加上客观证据能够增进人类对社会的理解，包括社会如何成功运转，以及为什么会出现历史转型。

如果我运用逻辑思维来分析自己对世界的观察，我就能更好地理解社会。

奥古斯特·孔德

静态和动态

孔德在讨论社会如何运转和变迁的时候，提出了两个相关联的术语："社会静力学"和"社会动力学"。

社会静力学（social statics）指的是让不同的社会制度得以关联共存的原则，社会因此能够相对平稳和谐地运转。社会被看作一个复杂的系统，通过协调融洽的结构实现整体的运转。社会整合的关键要素是社会制度，例如家庭和宗教。它们并不是孤立存在的，而是社会整体的有机组成部分。

社会动力学（social dynamics）则关注社会制度如何随时间而变化，进而出现社会转型。社会制度之间的信息流动以不同的方式改变了社会结构，人类的进步由此产生。

SCHOOL

孔德认为，健康的社会系统内部存在的不同社会制度能够维持和谐的关系。**“社会分工”**——人们如何组织生产活动来满足物质需要——是维持社会平衡的关键制度。**语言**让群体成员彼此交流，为下一代传递价值观和知识。最后，**宗教**为人们提供了共同的生活目标。

所有这些制度整合起来就构成了一种社会结构，维持着社会成员之间的团结凝聚。
SCHOOL

孔德同时还认为，社会学将会成为推动人类迈向乌托邦的动力。在乌托邦世界里，科学和理性将我们从迷信和盲目信仰中解放出来。孔德提出了著名的**“三阶段定律”**（law of three stages）：世界历史分为三个相继的阶段，每一个阶段都由独特的社会制度组成。在最后一个实证阶段，将会出现孔德所说的“工业社会”。

实证阶段最终将会发展成为乌托邦。

孔德意识到工业社会的出现将会带来新的政治和社会危机。但是出于对科学进步的信仰，他认为这些问题将会在新的理性化的社会系统里得到解决。欧洲社会需要在科学和理性的价值基础上重建，这场重建需要创造出一种“人性的宗教”。这种世俗化的宗教以社会进步为己任，而社会学家就是这种新宗教的神职阶级。

你们的时代已经过去了。进步和理性才是新的信仰。

斯宾塞和社会进化

赫伯特·斯宾塞（Herbert Spencer，1820—1903）的作品深受孔德的影响。他采纳了孔德所提出的社会静力学和社会动力学两个概念。相比于孔德，斯宾塞更进一步从一种“功能主义”的视角来解释社会。功能主义认为，社会的各个组成部分各有分工，以满足特定的功能或目的。

斯宾塞尝试从他的功能主义模型来解释社会变迁，在一定程度上借用了查尔斯·达尔文的进化论，并把进化论和孔德的观点相结合。他把社会动力学改造成“社会进化论”。社会进化包括**“结构性分化”**（structural differentiation），即看起来“简单”的社会逐渐变得复杂；以及**“功能性适应”**（functional adaptation），即社会如何适应变化和复杂的社会组织形态。

查尔斯·达尔文将“适应性”定义为生物繁衍上的成功，斯宾塞则相信社会的优胜劣汰，认为最能适应社会的制度形态将会存续。

我用机械术语来描述这种社会层面的“适者生存”——也就是达尔文先生所说的“自然选择”，或者说在生存竞争中的适者生存。

卡尔·马克思：冲突与革命

孔德和斯宾塞都相信，工业社会时代的社会系统会创造出和谐与稳定。但在 19 世纪和 20 世纪初，有很多社会学思想家并不认同这一观点。与之相反，他们认为冲突和对立才是社会的基本特征。颠覆性的德国思想家**卡尔·马克思**（Karl Marx，1818—1883）就是其中一员。虽然他从来没有把自己的作品界定为社会学，但他是从社会学视角进行思考的，并且启发了后世的社会学研究。

在某种程度上，马克思与孔德、斯宾塞一样，相信社会变迁和进步。不过他的著作试图呈现的是围绕价值和资源的阶级斗争如何推动历史的前进。这里的历史指的不仅仅是工业社会，马克思把这一观点称为**"历史唯物主义"**（historical materialism）。任何一个社会的经济、社会和政治制度都是由生产方式所决定的。在每一个社会中，社会阶级彼此竞争，争夺生产方式的控制权，从而维护自己阶级的利益。马克思认为，工业社会的工人阶级将会赢得这场阶级斗争，带领我们走向共产主义社会。

从古至今一切社会的历史都是阶级斗争的历史。

马克思发现，社会中存在的各种社会制度，都是由经济结构决定的。一个社会的经济体系是社会的根基或者说社会基础，它不仅塑造了政治、法律和风俗习惯等社会制度，而且塑造了人们的意识和知识。观念和意识形态是由物质条件所决定的。

不是人们的意识决定人们的存在。相反，是人们的社会存在决定人们的意识。

社会冲突

在马克思的作品中，有两个核心概念对于社会学的发展举足轻重。第一，他对社会冲突推动历史发展的分析，为社会学带来了**社会阶级**（social class）的概念。马克思描述了工业社会中的两大社会阶级之间的冲突：统治阶级和被统治阶级，或者说资产阶级（统治者和工厂所有者）和无产阶级（工厂工人）。

在这场规模巨大的冲突中，马克思预言工人们将会取得最终的胜利，他们将通过革命性的阶级行动推翻阶级压迫。胜利的果实就是实现共产主义。虽然马克思从未描绘共产主义社会的细节，但他认为那是一个平等主义的社会，由工人们掌握生产工具。

让统治阶级在共产主义革命面前发抖吧。无产阶级在这场革命中失去的只是他们的枷锁。

第二，马克思引入了**“异化”**（alienation）的概念，它指的是由处于无权无势的地位而产生的疏离感。在机械化的工业系统中，马克思认为资本主义使得工厂工人和他们的工作相异化、和他们生产的产品相异化、和他们的工友相异化，甚至和他们身为人类的本质相异化。

异化源于个体所属的社会阶级。因此异化是资本主义体系的后果。就这样，作为工厂所有者的资产阶级从工人们所遭受的异化中获益。异化有不同形式，其中一种关键的异化表现为了工作和薪水而相互竞争。

我感觉自己和生而为人的本性或者说人性渐行渐远。
如果想要挑战异化，你就必须看到自己在整个资本主义体系中的位置。

马克思撰写的这些突破性作品，奠定了公共社会学的根基。公共社会学家是致力于实现社会革命性变革的行动者。做研究和收集知识的意义，在于我们可以用来挑战有权有势的资本家和他们所建立的社会，然后创造一个没有社会经济不平等的世界。自此之后，做研究就应该从工人阶级的立场出发。

哲学家们只用不同的方式解释世界，而问题在于改变世界。

如果说“社会学的想象力”让我们意识到个人问题可以与宏观社会力量相关联，马克思则号召具有颠覆性的思想家们一起挑战**“虚假意识”**（false consciousness）——处在这种思维模式下，生活的不如意被认为是个人咎由自取，而不是资本主义社会的问题。

一旦我们开始理解生产方式及其与我们的关系，进而理解整个社会的运作，我们就迈出了挑战体制的第一步。马克思希望我们能够建立起一种**“阶级意识”**（class consciousness），意识到我们是如何被剥削的。

我们做衣服是在给厂长打工，他剥削了我们的劳动。同志们，让我们团结起来！

涂尔干：学科的发展

与马克思比肩的其他重要思想家也开始搭建社会学的基础。法国学者**埃米尔·涂尔干**（Émile Durkheim，1858—1917）深受孔德的影响，希望运用科学的方法来理解社会世界。涂尔干想要证明社会学作为一门学科，可以像科学一样在大学里取得一席之地。1895 年，他建立了大学里的第一个社会学系。

涂尔干科学取向的社会学源于他的信念。和马克思一样，他认为现代工业社会给社会大众带来了极其有害的后果。但是，他为工业社会开出的处方在很多方面都不同于马克思。

冲突和对立是现代社会的主要特征。人类进步的终点是革命和共产主义。我们必须站在工人阶级的立场上。
社会团结是保持社会稳定的关键。社会学能够帮助实现渐进式的社会改革。我们必须进行客观中立和科学的分析。

社会团结

涂尔干的社会学要义在于，他认为人类的行为模式会演变成现行的结构和制度。社会是一个复杂的有机体。作为一个整体，它大于部分之和。涂尔干追问这样的有机体在工业社会如何运转，他通过分析劳动分工来加以说明。在小规模传统社会里，劳动分工的形式是**“机械团结”**（mechanical solidarity），这是一种强烈的社区团结感，通过共享的信念和道德系统来维持。

工业社会的到来创造出一种新的劳动分工形式，也就是是**“有机团结”**（organic solidarity）。有机团结指人们之间的社会关系建立在不同形式的专业分工基础之上，分工让人们团结在一起。

小型社会通过社会成员之间共享的道德意识加以维系，而现代工业社会的运作基础是功能上的相互依存。

社会事实

由此可见，社会规范对于维持社会运行至关重要。但是我们如何才能对它们加以研究？

我们如何思考、感受和行动，从直接的根源上来说，取决于社会如何养育我们。

涂尔干认为，规范、价值和宗教信仰独立于每个人而存在，它们是整个社会的“社会事实”的一部分。当我们扮演社会角色、承担社会责任时，我们总是就这么做了，而不会质疑为什么要这么做。这些社会角色几乎就像是我们的第二天性。这些行为、思考和感受的方式，深深根植于我们脑海之中，犹如一股强大的力量控制着我们。涂尔干将社会事实当作社会学研究的主要对象，从而把社会学和研究自然世界的科学区分开来。

犯罪

对社会事实的研究揭示了社会结构如何形塑人类的行为和价值观。社会事实证明了个体的行为举止在很大程度上是社会结构的产物。因此，这些“事实”是理解社会运转和社会团结的关键。

很矛盾的是，即便是犯罪行为，对于维护社会秩序也有一定的作用。涂尔干认为，在工业社会中，犯罪产生的部分原因在于工业社会的发展所导致的社会关系弱化。涂尔干对于犯罪行为如何被用于*确证*社会道德很有兴趣。犯罪之所以被定义为犯罪，就在于它违背了社会规范。

犯罪是一种偏差行为，凸显了社会规范的强大力量。我们并不是因为某种行为是犯罪而谴责它，而恰恰是因为我们谴责它，它才成为犯罪。

自杀

涂尔干为社会学研究所原创的一种研究方法，最早用于他在 1897 年出版的一本关于自杀的书。他的方法依赖于收集和分析统计数据。涂尔干不认为自杀是个体疾病所引起的，而是假设自杀具有社会根源，接着通过收集数据来论证他的理论。涂尔干对不同社会群体、不同国家和不同历史阶段的自杀率数据进行了细致的分析，发现每个国家内部的自杀率都是相对稳定的，但是不同国家之间的差别很大。在新教徒中，自杀的情况比天主教徒更常见。自杀率在新教国家比天主教国家更高，而且同一个国家的新教徒也比天主教徒有更高的自杀率。

如果社会事实驱动着人类行为，我们如何才能系统地研究社会事实的作用？通过收集数据。

只是简单地找出自杀和宗教群体之间的关系是不够的。涂尔干还解释了天主教徒和新教徒自杀率差异的原因：天主教徒有更强的社会控制感并且生活在人际关系更紧密的社区里，而新教徒更为个人主义。他的研究揭示出自杀背后的一系列社会因素：自杀率的升高与急剧的经济变迁有关，与是否单身和是否有孩子有关；而自杀率的下降则与生活在战争期间有关（无论所在国是输是赢）。

涂尔干的研究论证了**社会团结**（social solidarity）具有整体性的解释特征。当个人疏远于身边的社会群体，他们更容易选择自杀。在现代社会，个人主义盛行，而传统权威衰弱，自杀成为普遍现象。

社会学分析证明了那些通常被认为是源于个体疾病的行为，其实是社会力量作用的结果。

马克斯·韦伯

早期社会学的另一位重要人物是**马克斯·韦伯**（Max Weber，1864—1920）。韦伯对于社会事实的看法不同于涂尔干，两人的差异特别体现在如何分析社会事实这一点上。韦伯认为，我们首先需要形成关于社会世界如何运作的基本概念，否则观察社会是毫无意义的。因此，韦伯指出社会科学家在做研究的时候，有责任坦承自己的个人偏见。社会学家总是倾向于从某种道德价值观来看待社会世界，也就是说，想做“价值无涉”的研究是非常困难的。

社会学家在做研究的时候应该坚持价值中立。我们应该把自己的意识形态、文化和非科学假设从研究中移除。但是当我们在研究社会世界的时候，真的可以做到客观中立吗？

理想类型

社会学研究不可能完全涵盖社会行动的多样性和复杂性。相反，社会学家通过对比不同时期和不同地点的社会现象，概括出一般化的研究发现。他们如何才能做到这一点？韦伯认为社会学家应该使用“理想类型”作为工具。理想类型是一种建构出来的概念，通过选择和强调某些特征来概括现实。

韦伯的理想类型要找到社会生活的本质特征，尽管以这样的特征来概括社会生活会稍显夸张。例如，韦伯让我们去思考资本主义、新教徒女性或内战的理想类型。通过辨别这些事物的关键特征，我们才能开展系统性的研究。

科层制的理想类型包括以下特征：一种等级化的组织形式、一个清晰的权力结构和一套正式的规章制度。

韦伯对社会学的主要学术贡献是他关于社会变迁的讨论。在他的笔下，社会的转型是从传统社会迈向所谓的“理性”社会。随着社会步入工业资本主义时代，整个社会不可避免地经历“祛魅”的过程。同时，理性思维逐渐发展，成为主导的思维模式。

祛魅（disenchantment）是指所有的神秘和自发性观念在现代社会中都逐渐淡化。韦伯认为现代世界沉溺于效率和理性控制，试图掌控社会生活的方方面面，而这终将让我们困在一个“铁牢笼”里。韦伯所谓的铁牢笼，就是生活在一个基于理性计算的科层制社会之中。

在传统社会里，我们一代一代传承着情感与信念。
现代社会的特征是理性，个人通过理性计算来选择达成特定目标的最佳方式。

新教伦理与资本主义

韦伯认为，现代社会理性化的根本原因在于资本主义的出现。他追溯了从新教改革到现代社会的过程中，价值和理念的转变何以推动现代资本主义漫长的诞生。

这个故事的关键在于特定的文化价值观的出现，将社会导向了资本主义。韦伯认为，资本主义精神最为明显地体现在新教及其“工作伦理”之中。他认为在新教神学体系和资本主义世界观之间，具有一种“选择性亲和”。韦伯关于新教神学体系的分析，论证了文化价值观念——比如宗教信仰——可以对社会变迁产生重要影响。

为什么资本主义首先在西欧出现？马克思认为宗教是建立在经济基础之上的，但我认为宗教是相对独立的，并且能够催生新的经济结构。
BANK

“新教伦理”带来了资本主义社会的萌芽。一般认为资本主义首先出现在新教改革成功的国家。有的新教教派将个人的经济财产视为上帝的恩宠。他们因而运用理性头脑，通过努力工作和自我牺牲来积累财富。这种信念促使人们将铺张浪费视为不道德的行为，并加以抵制。因此，经济财富往往被用于再投资，以创造更大的利润。

新教伦理奠定在一种禁欲主义的生活方式之上，包括努力工作、自我节制、勤俭节约和理性使用时间。

时间就是金钱！

新教的禁欲主义生活方式还包括了其他形式的自我控制。性生活被认为是危险的，因为它唤起身体的愉悦，让人失去自我控制。性的功能是繁衍，而不是享乐。暴饮暴食同样被谴责，这是一个人缺乏自我控制的证明。后来，在资本主义国家，无论其人口是否由新教徒构成，新教伦理已成为社会生活的核心原则。

我们正在分析的是现代经济生活的精神和禁欲主义新教的理性伦理之间的关系。

铁牢笼

“铁牢笼”是现代资本主义社会的产物。这样的社会由理性形式的社会组织构成，并创造出特定的生活形式。资本主义时代的大型组织和制度（特别是在工作场所中）推崇任务分工、技术胜任力、非人格化和个人纪律。理性化制度的典型就是国家科层制。**科层制**（bureaucracy）让我们服从于一系列的标准和僵化的规则，最终导致社会异化、窒息性的管控和人性的丧失。这就是生活在铁牢笼中的感觉。

我们认为社会变迁会带来进步和解放。
我所看到的是不断理性化的社会一步步威胁着自由，将我们囚禁。

结构功能主义：塔尔科特·帕森斯

新一代的社会学家在很大程度上分裂成了追随涂尔干和追随韦伯的两大阵营。美国社会学家**塔尔科特·帕森斯**（Talcott Parsons，1902—1979）致力于整合韦伯和涂尔干的观点，提出了**“分析性现实主义”**（analytical realism）的概念。帕森斯承袭了韦伯的观点，认为社会学的观察不可能独立于理论概念，而所有的概念都带有价值立场。同时，帕森斯也认同涂尔干的看法，即唯有社会事实能告诉我们世界是什么样子的。

分析性现实主义指出，虽然提炼概念非常重要，但是我们仍需要以现实证据来验证我们的观察。

帕森斯认为社会学需要建立一种“行动参照框架”，提炼概念以供社会学家研究社会行为，这些概念不同于自然科学研究中所使用的概念。最重要的是，社会学家应该尝试从研究对象的立场来理解事物。这个行动框架源于**“结构功能主义”**（structural functionalism），这一理论将社会和社会群体视为系统，整体性的社会结构将不同的系统联结在一起。

帕森斯认为，社会学家的研究目标是找出社会系统的所有组成部分，然后分析它们在系统整体中所发挥的具体功能。例如，帕森斯认为工业社会中出现的规模较小的“核心家庭”（由一对成年夫妇和他们的孩子组成），实际上反映出家庭在现代社会中的功能正在发生变化。当代家庭的作用是让孩子实现社会化，培养他们承担自己的阶级和性别角色。

孩子，到外面踢球去吧。你是一个男孩，成天宅在家里对你的健康可没好处。

符号互动论：赫伯特 · 布鲁默

结构功能主义在社会学里占据着统治性地位直到 20 世纪 70 年代。不过，也有一些社会学家批评功能主义忽视了**社会行动**（social action），没有讨论人们面对社会结构时所选择的思想和行为方式。他们还批评功能主义无法解释社会变迁。

作为对这些问题的回应，社会学家**赫伯特 · 布鲁默**（Herbert Blumer, 1900—1987）发展出了一个名为“符号互动论”的理论。符号互动论认为，人们在互动中寻求实现共同的目标，而社会就是人们之间日常互动的产物。人们通过日常互动建构和维持一种共享的真实，社会由此而生。

我感觉很糟糕。我只想回家睡觉。
别毁了你的考勤记录，吃点止痛药接着干吧。

布鲁默鼓励社会学研究者去挖掘社会群体赋予社会的多种多样的主观意义。布鲁默所谓的“主观”是指人类都是务实的行动者，他们必须要根据他人的行动不断调整自己的行动。我们之所以能够回应他人的行动，是因为我们将其视为一种符号，并且予以解读。社会并非如同功能主义者所认为的那样，是一种固定不变的结构。相反，社会由流动而且灵活的互动网络所构成。因此，社会学研究需要更加关注人们如何互动，以及在这个过程中我们作为个体如何形成一种自我意识。

我们赋予社会和制度的意义并非“自然的”，事实上它们是由我们自己建构出来的。
我如何对待你，取决于你对我而言的意义。

城市化

布鲁默和其他符号互动论学者大多在芝加哥大学任教，芝加哥这座城市为他们的研究提供了场景。

芝加哥经历了剧烈的社会变迁，人口从1800年的1000人增长到20世纪初的168.9万人。
ARMOUR

赫伯特·布鲁默

彼时社会学作为一门学科得到不断发展，不但研究城市化的原因——也就是农村为何转变为城市，同时也关注城市化对社会的深远影响。社会学家开始探索小规模社会变成大型复杂城市的变迁过程。社会学家认为，这样急剧的转变源于快速的城市工业化进程，吸引了大量工人从乡村涌入城市。

德国社会学家**斐迪南·滕尼斯**（Ferdinand Tönnies，1855—1936）区分了**社区**（community，*gemeinschaft*）和**社会**（society，*gesellschaft*）。

社区所指的社会类型是居民共享同一种文化观念，并且由群体义务紧密联系在一起。社区的规模较小，其特点在于面对面的互动关系，以及相对稳定和简单的等级制度。

如果我的庄稼收成不好，整个社区都会受影响，所以我们会彼此扶持、互相帮助。
我不认识我的邻居。我的时间都花在了工作和自己的社交圈子上。

社会是指现代城市社会，鼓励追求个人利益和竞争性行为，并且根据社会阶级、性别和种族形成了日益复杂的社会分层模式。

另一位德国思想家**格奥尔格·齐美尔**（Georg Simmel，1858—1917）对大城市进行了分析。齐美尔发现诞生于 19 世纪的工业化城市是一种资本化和机械化的社会，建立在专业化分工的基础之上。工业化城市的发展催生了**个人主义**（individualism）。然而，矛盾的是，个人自由的增加反而让人们更加互相依赖，因为人们的行动是彼此互补的。齐美尔认为，城市里的社会关系往往只局限于经济交易上。

现代人的想法变得越来越精于算计。

个人主义在工业化城市中普遍可见。每个人都想出人头地。社会学家**索尔斯坦·凡勃伦**（Thorstein Veblen，1857—1929）提出**“炫耀性消费”**（conspicuous consumption）的说法，用来描述城市居民痴迷于购买商品来彰显自己的品位和社会阶级的做法。有时候，人们会做**“招妒性消费”**（invidious consumption），意图吸引别人羡慕的眼光，让他们对购买者优渥的消费能力感到嫉妒。

我们家的大理石地砖是从意大利进口的，所有的窗帘都是丝绸制品，我们的座驾是一辆宾利。

最系统的城市生活研究出自一群研究芝加哥的社会学家。他们被称为“芝加哥学派”，融汇滕尼斯、涂尔干和齐美尔的理论观点，形成了一种关于城市生活的理论。芝加哥学派的领军人是赫伯特·布鲁默、**罗伯特·帕克**（Robert Park，1864—1944）和**欧内斯特·伯吉斯**（Ernest Burgess，1886—1966）。他们把芝加哥城描绘为一个“人类生态系统”，在其中，不同的社会群体彼此争夺栖息地和资源。

芝加哥学派笔下的城市由一系列同心圆构成。在每一个圈层或空间里都会有一个主要的社会群体，而权势和影响力会决定他们所处的圈层位置。越靠近城市中心的群体，就会掌握越多的社会和经济影响力。

就像不同的植物争夺自然栖息地一样，不同的种族和社会群体也是这么做的。例如企业家和房屋所有者会试图占据城市的很多地方。
欧内斯特·伯吉斯
这个街区不怎么样，但这已经是我能负担得起的最好的地方了。

微观社会学：欧文·戈夫曼

广义上的社会学研究通常可以分为宏观社会学和微观社会学。

宏观社会学（macrosociology）主要关注较高层次上的聚集现象，由此分析社会结构和社会变迁的特征。通常会探讨国家层面甚至全球规模的社会力量及其对社会制度的影响。虽然宏观社会学很重要，但是它会忽视个人和小规模社会群体的行动及其对社会的塑造作用。

微观社会学（microsociology）致力于研究人与人之间面对面的互动。欧文·戈夫曼是一位微观社会学大师，他对一系列微观互动场景进行过研究。他研究过精神病院，也在苏格兰北部的设得兰群岛（Shetland Islands）进行过田野调查。戈夫曼对我们如何在他人面前展现自我认同很感兴趣。

DA WIND WIS FAAN AWA IDA DARKENIN.

译者注：设得兰方言，意为：风在黑暗中逐渐减弱。

追随符号互动论的传统，戈夫曼关注的是他提出的**“互动秩序”**（interaction order）：我们在其他人面前如何行动和表现。

通过研究互动，戈夫曼为社会如何运转提供了一种解释。互动秩序建立在隐含的仪式和行为规则之上，需要社会成员在面对面的互动中遵守。对戈夫曼而言，这些看不见的规则才是互动的关键，它们揭示了更宏观的社会结构，而结构又通过我们的行动搭建而成。

不好意思打扰了，我们需要谈一谈。
可以，但是我们能不能先找个私密点的地方？

印象管理

戈夫曼提出了“拟剧论”，用于分析社会生活。这一观点呼应了伯格关于提线木偶剧场的隐喻。日常生活就像一个剧场，人们总是在舞台上扮演着特定的角色。在社会化过程中，他们被教导如此。在任何一个社会剧场中，我们要么是演员，要么是观众。作为社会行动者，我们把想要表现的一种自我形象传递给我们的观众。运用剧本、道具、服装、对话和姿态，我们所做的正是“印象管理”。戈夫曼认为，“自我”只有在表演以及在与其他人的互动中被接纳的时候，才会变成“真实”。

整个世界就是一个舞台，芸芸众生不过是演员。
噢，你是莎士比亚的粉丝？真酷。

情感劳动

虽然拟剧论的比喻可以应用于社会生活的方方面面，但是这一观点在商业场景中更为明显。**阿莉·霍赫希尔德**（Arlie Hochschild，生于1940年）在美国对空乘服务员的研究中，将情感置于互动秩序的核心，从而扩展了戈夫曼的分析。情感表达非常复杂，但我们现在所生活的社会仍然将其视为个人身份的重要标志。

情感表现并不是单纯的生理现象，而是日益被雇主所操控。霍赫希尔德发现提供顾客服务的职业群体需要进行“情感劳动”，也就是根据组织的规章制度来管理自己的情绪感受。

我很乐意为您服务。
请问您需要点什么？

情感劳动意味着我们将私人感情与组织期待结合在一起，对此我们要么进行**“深层行动”**（deep acting），要么进行**“浅层行动”**（surface acting）。

深层行动指的是员工发自内心地表达情感，与顾客建立紧密的关系。浅层行动则指人们所展现的情感并非真情流露，而是出于工作规范和要求。

每一名员工都像是个演技派，他们的身份认同也与情感表达息息相关。不过，霍赫希尔德借用马克思的异化概念，指出如果员工被要求展示不真实的情感表现，久而久之可能会让他们感到自我异化或痛苦。通过研究空乘服务员的工作经历，霍赫希尔德发现，空乘服务员需要面对的难题是如何在乘客恶语相向时努力保持淡定。

为什么我要忍受这些事情？
!#*@!!*

当代社会学：米歇尔 · 福柯

到目前为止，我们讨论的都是社会学这门学科的主要奠基人物。他们中的一些人仍然在以不同的方式影响着社会学的诸多研究领域，当代社会学家还在争论他们有哪些观点仍然能为现代社会提供洞见。

那么相对晚近的社会学思想家有哪些人？他们留下了哪些有影响力的作品？让我们从**米歇尔 · 福柯**（Michel Foucault，1926—1984）开始介绍吧。福柯并没有把自己的作品归类为社会学，更确切地说，他是一位博学家，在哲学、历史学、医学、文学批评和社会理论方面都有建树，我们很难把他划归某个单一学科。

人们普遍认为福柯的作品对现代社会学有着深远的影响。

社会建构论

福柯的作品关注的是权力、知识和“话语”之间的关系。福柯和韦伯一样，挑战了现代社会的发展是良性进步过程的观点。相反，他认为，现代社会的运作机制在于权力的扩张，表现为不同形式的监控与日俱增。

权力无处不在，特别体现在**话语**（discourses）中。话语是指嵌入在社会制度中的观念和语言。福柯认为，现代社会制度对我们的分类和界定，具有建构我们社会身份的权力。因此，他被认为是社会建构论的关键人物。社会建构论认为，社会现实是社会过程和实践建构的结果。

您的观点和之前的建构主义理论有什么不同，比如和戈夫曼的理论相比？
我推进了这一视角，我认为社会生活和身份认同的方方面面都是建构的结果。

知识就是力量

福柯的建构主义立场最明显地体现于他对知识和监控之间关系的研究，这也是他最为重要的研究主题之一。福柯认为“知识”是最重要的研究议题。知识是社会权力的核心，如果你掌握了更多关于个人和群体的知识，那么你就拥有更大的权力来控制他们。

一般认为，知识就像民主和自由一样，将为人类带来解放。但是福柯试图论证的是相反的观点。知识也可以是相当危险的，因为它会创造出新的权力形式和更多的自我控制。知识可以限制我们的自由。

谁创造了知识、控制着知识，同时也被知识所控制？
知识就是力量，它让人臣服。

福柯在对不同类型制度的分析中，讨论了知识、权力和监控之间的关系。他的分析跨度长达几个世纪。福柯展示了制度如何逐渐发展成为社会控制。福柯认为，其中一种特别重要的制度就是“精神病院”。福柯指出，中世纪对待“疯癫”的态度不同于当代，彼时“疯癫”并不被视为一种疾病。相反，“疯子”常常是受到重视的社区成员，人们赏识他们独特的智慧。

随着 18 世纪启蒙运动的到来和医学科学知识的出现，“精神错乱”和“精神健全”之间划清了界限，“精神错乱”的人便被囚禁了起来。

精神错乱突然之间成为一种社会偏差行为，因而需要被移出“正常”的社会。

现代社会（自 19 世纪晚期以来）创造了精神病院。作为一种新型的医院，精神病院更为人性化，它将精神错乱视为一种可以治愈的疾病。为了治疗精神疾病，我们需要更多这方面的客观知识。新的专业群体由此诞生，包括职业的精神科医生。人们积累有关精神错乱的知识，目的就是为了控制它。

福柯认为精神病院的出现并非为病人康复着想的善举，而是他所谓的“大禁闭”（Great Confinement）的一部分。“大禁闭”是指将不受欢迎的社会群体，例如贫困人口、性工作者、无家可归者和“疯子”，移出大众的视线之外。

疯癫的人应该被关起来。还是说，因为他们被关起来，才被认为是疯癫的？

社会分类

作为社会制度的现代精神病院并没有带来患者的康复，而是衍生出纷繁复杂的社会控制形式。福柯认为，将人们分类并贴上“精神错乱”或“疯子”的标签，会产生真实的社会效应。病人开始内化标签所描述的特征。为了以更人道的方式“治愈”精神疾病患者，人们需要更多的知识制作标签和分类，特别是收集更多关于医疗干预措施的数据资料。随之而来的是病人不得不经受实验性的治疗，并在生理和心理上受到控制。

可以说，疯癫和正常之间的界限并不存在，它们是社会建构的产物，随着文明的演进而出现。
45121

监狱：规训与惩罚

福柯在关于现代监狱的分析中，进一步阐述了知识、权力和监控之间的关系。福柯的分析始于中世纪欧洲的监狱。彼时，惩罚是公开的，通常以相当暴力的形式进行，以此来打消围观者犯罪的念头。在 19 世纪国家管理的监狱出现后，惩罚不再那么暴力，也不再公开进行。

现在，监狱存在的意义就是为了改造罪犯。
45121

记录每一个罪犯的犯案细节和动机成为现代监狱的主要目的，由此诞生了犯罪学这门科学。**犯罪学**（criminology）为分类和标签提供了模板，它界定了什么是罪犯，以及他们和遵纪守法的普通公民之间的区别。改造的目的是让罪犯重新成为普通人。

现代监狱对罪犯施以控制，使其服从，这意味着什么呢？福柯指出，监狱的背后是监控和监视的权力，受到监控的个体要对自己的行为举止进行自我管理。福柯引用了英国哲学家**杰里米·边沁**（Jeremy Bentham，1748—1832）提出的**“全景监狱”**（panopticon）概念。在全景监狱里，一个守卫就能监视全部的罪犯，而这些罪犯并不清楚此时此刻他们是否正在被监视。

只要罪犯们认为他们正在被监视着，自然而然就会遵守规矩。换句话说，他们会对自己的行为做自我管理。全景监狱犹如存在着全视之眼，并不需要守卫真正出现在罪犯面前，就能够控制他们的行为举止。

我总感觉有人在盯着我，但是我没办法证实这件事！
3215
0531

福柯认为，上述监视和控制的过程，首先在精神病院和监狱出现并得到完善。随后这一做法扩展并几乎主导了现代社会的方方面面。在这个意义上，福柯和马克斯·韦伯的观点有相似之处。他们都关心当代世界何以被科层制系统和制度所定义，并由此带来理性化和非人化的后果。

监狱就像工厂、学校、兵营和医院，或者说，这些机构都像监狱。惊讶吗？

显而易见，监控有三个策略：贴标签、可见性和资料收集。其他机构也借鉴了这些监控形式，当代社会因此发展成为一个**“全景社会”**（panopticon society）。全景社会借助多重监控系统，产生了不同形式的知识。无论是各种各样的专业群体服务（比如医生、税务工作者、企业家和教育工作者），还是脸书、谷歌、手机制造商这样的大型公司，都在全景社会中收集和使用这些知识。

监控社会

大卫·里昂(David Lyon，生于 1948 年)更深入地研究了他所谓的“监控社会”及其在当代生活中的扩散。社会制度运用愈发复杂的方式从个人、群体甚至全体公民手中获取电子化的数据资料。大数据需要持续收集和更新，其目的在于监视和控制日常生活的方方面面。

数据用于监控我们的经济状况、健康状况、消费偏好、福利需求和教育背景。

国家是大数据的主要收集者，它会告诉我们，这些数据对于维持人口健康和安全很有必要。然而，里昂发现这样的数据收集带来了一种民主的悖论：国家为了保障“自由”从我们这里收集数据，但是这么做实际上限制了我们的公民自由。因此，虽然国家此举的目的在于防范犯罪和恐怖主义，但这么做也让我们在通常不知情的情况下受到了监控。

除了国家之外的其他机构也在监控社会中扮演着重要角色。商业公司需要收集我们的购物选择，并根据这些信息向我们兜售更多产品。

我们使用的社交媒体发出的文字，甚至是我们的“点赞”和“收藏”，都会被商业公司所监控和分析，它们据此调整产品以符合我们的消费偏好。
FACEBOOK

我们的数据被采集，而后转售给其他相关机构。大卫·里昂认为，目前在数据交换方面，政府和企业之间的界限越来越模糊。警务和安全部门会从企业购买数据，比如手机通话和互联网检索记录。如今就像是身处 19 世纪的全景监狱中一样，我们也在体验被监控的感觉，而且我们很难直接感知到监控者的存在。

据估计，单单在英国就有500 万个监控摄像头。在高速公路上开车，平均每 4 分钟就会碰到一个摄像头。

关于我们日常生活中的监控，有一个司空见惯的例子，那就是不断增多的闭路电视监控设施。我们被告知这样的监控有助于减少犯罪，保护普通民众，阻止盗窃和破坏行为。

但是这样的官方说辞是否真实可信呢？社会学家对闭路电视的监控者进行了研究。通过观察这些观看者，社会学家发现，从闭路电视发现罪犯并进行逮捕的案件，能够成功起诉的占比极少。监控并不是客观和中立的，摄像头会反映操作者的偏见。比如，年轻人、少数族裔、醉汉和乞讨者最容易成为监控的目标。监控并没有阻止犯罪，仅仅是把犯罪转移到了其他地方。这样的监控忽略了一个事实，那就是犯罪并非发生在某个特定的社会群体之中，而是广泛存在于整个社会。

失败的消费者

在社会学家眼中，监控社会的兴起带来了负面的效应。齐格蒙特·鲍曼探讨了闭路电视监控在我们的消费文化中的后果。他区分了“成功的”和“失败的”消费者。成功的消费者是那些买得起奢侈品的人，失败的消费者则是那些买不起的人。消费文化激起了所有社会阶层的购物欲望，但我们并非平等地参与其中。

冒充顾客在商店偷窃一定程度上就源于购买商品的社会压力。鲍曼认为，闭路电视监控的目的并非仅仅是防止失败的消费者入店行窃。它更重要的作用在于让穷人感觉不受欢迎，从而维持购物中心和商业街等公共空间不受这些“不受欢迎的因素”的影响。

监控是社会控制的工具。
我还是离开这儿吧。我买不起这里任何一件东西，待在这家商店里让我感觉自己像个失败者。

皮埃尔·布迪厄

另一位当代社会学理论大师和福柯同样为法国人，他就是**皮埃尔·布迪厄**。在本书开头，我们曾简要地介绍过布迪厄。我们提到，他的作品旨在揭示维系社会不平等的微妙统治形式。布迪厄曾经于 20 世纪 50 年代至 60 年代为法国部队在阿尔及利亚服役。离开部队之后，他留在阿尔及利亚研究北非柏柏尔人群体的社会结构与统治形式。这一研究奠定了布迪厄作为顶尖学者的地位，他最终成为当代最杰出的社会学家之一。

布迪厄的研究议题对于我们理解社会阶层起到了非常重要的作用，他对当代西方社会中的阶层问题展开了复杂的社会学分析。他特别关注公立（国家）教育系统。公立教育系统奉行**精英主义**（meritocratic），意味着它更加青睐天赋、勤奋而非财富。然而，布迪厄的研究指出，教育是统治阶层实现权力和特权再生产的主要方式。在一个支持和维系社会不平等的系统中，教育占据着相当核心的位置。

我的研究想要说明的是，文化和教育不能等同于兴趣爱好，也不是无足轻重的。它们对于维护社会群体和社会阶层之间的差异至关重要，它们让这种差异不断实现再生产。

文化资本

随着现代国家不断扩展的福利体系，普遍存在着一种关于教育的迷思：教育应该普及，并且应该奉行精英主义。

金钱买不到学历，所以教育一定是公平的。
错。整个教育系统对劳工阶层的孩子有根深蒂固的偏见，所以它仍然是不公平的。

布迪厄用于分析教育的核心概念是“文化资本”。他提出这个说法用于描述经济领域之外的资源。文化资本包含了知识和技能，以及其他有助于实现社会流动的条件。文化资本和其他资源一样，在特定条件下可以转换为经济资本，例如获得学历。

布迪厄区分了三种相互关联的文化资本形式："具身化""客观化"和"制度化"。

具身化资本（embodied capital）指的是可以积累和培养的文化资本。布迪厄以健身来比喻"具身化资本"。我们努力把文化资本内化成为自我不可分割的组成部分，就好比通过锻炼来增加自己的肌肉一样。与此同时，我们的父母和我们所属的社会群体通过传递规范和价值，让我们掌握了具身化文化资本。我们在社会化的过程中获得了文化资本。通过学习的过程，具身化资本最终变成了个人习惯的一部分。我们借助文学和艺术等文化产品来积累具身化资本，这些积累也可以转化为资格证书。

客观化资本（objectified capital）是文化的物质形态，例如书籍和画作。它们通常也是社会地位的象征。

制度化资本（institutionalized capital）是官方认证和相关证书（比如学历证书），这是个人可以使用的文化资本，用于换取经济和社会资源。

无论哪种形式的文化资本，都能积累成为一种资源，让孩子们在学校或员工在工作岗位上取得成功。社会地位占优势的群体为义务教育和高等教育设定了优秀的标准，这一标准实际上反映了他们自己的权势和利益。学生们需要掌握一定数量的文化资本才能在考试中取得优异的成绩。来自上层阶级的学生从小积累主流社会的文化资本，让他们在考试中游刃有余。

她不过是天资聪慧罢了。
这些中产阶级的孩子看似依靠自己的智力和才能取得了成绩，但这实际上是文化资本的功劳。
A

确实也有一些工薪阶级的孩子能够在缺乏文化资本的情况下取得学业成绩，这在一定程度上体现了高等教育的精英主义特征。文化资本遮蔽了教育系统深层的不平等。

区隔与品位

在另一本重要著作中，布迪厄研究了中产阶级如何运用他们的审美品位来合理化阶层差异。他们将文化偏好用于评判社会阶层较低的群体。借助品位这个工具，中产阶级巩固了自己的权力和威望；同时，他们将其他社会群体的品位界定为低级的，自然也就维系了这些群体在社会结构中的从属地位。布迪厄认为，文化消费行为对于维持阶级差异至关重要。过去人们一度认为阶级划分取决于我们的生产能力（即我们的工作），而现在阶级越来越被认为与我们的消费能力有关。

艺术的定义，以及更大意义上生活方式的界定，是不同阶级之间争夺的目标。
我刚刚从意大利托斯卡纳地区的一家特别棒的瑜伽疗养所回来。那里的一切都非常正宗。

关于古典音乐、抽象艺术和现代主义文学的品位（这些通常被称为“高端艺术”），统统都是文化资本的一部分，中产阶级以此来彰显自己的优越感，区别于工薪阶级和他们喜欢的大众艺术（也就是所谓的“低端艺术”）。

其实，如布迪厄所言，任何形式的文化都可以用于创造社会边界。比如说，你喜欢无咖啡因的大豆拿铁而不是速溶咖啡，这同样也体现出社会阶层差异。问题的关键不在于这些文化产品内在的性质，而在于我们赋予这些产品的社会价值。品位指的是你对于一系列文化资本的偏好，包括服装、家具、休闲活动、饮食等。甚至通过慢跑和在会员制的健身房锻炼等方式来维持苗条和健康的身体也可以看作一种品位。这些不同形式的文化资本在社会群体之间建立了区隔。

你想来一杯咖啡吗？
事实上，我想要一杯抹茶。我正在戒咖啡因。

社会阶级

从卡尔·马克思提出阶级分析以来，它就在社会学研究中占据了核心地位。对社会学家而言，阶级是创造和维持社会分层的主要社会结构。布迪厄的作品对于当代社会的阶级研究具有重要的启示意义。

传统上，社会学研究对于社会阶级的测量依据的是个人的工作和职业地位。人们在一个特定社会阶层中的位置，主要取决于他们的工作类型是否属于签订“劳动合同”的常规或半常规职业。或者他们是否属于基于“服务合同”的专业或管理岗位。然而，很多社会学家对于这种传统测量方式提出了质疑，因为如此衡量阶级并不能全面地展现阶级差异背后的各种社会和文化因素。

如果我们用布迪厄的标准来界定阶级，我们如何判断自己在社会结构中的位置呢？

到目前为止，你已经了解到布迪厄对于不同类型文化资本的分析。但是，为了更好地理解阶级，布迪厄认为我们需要考虑更多形式的“资本”。他认为一个人的阶级地位取决于其所能够取得的文化、经济和社会资本。人们能够得到的这些资本越多，他们所能达到的社会阶级就越高。**经济资本**（economic capital）建立在财富和收入之上，**社会资本**（social capital）指的是人们身处的社会网络。

此时此刻我的经济资本少得可怜，但是我的社交网络意味着我有很棒的社会资本。
Friends
3,982 friends

布迪厄的三种资本形式为我们提供了一种分析社会阶级的理论模型。运用布迪厄的模型，社会学家总结出了 21 世纪英国的 7 种社会阶级。最顶层的是富裕的精英阶级，在他们之下是稳健的中产阶级和新晋富有的工薪阶级。再往下是传统工人阶级，包括缺乏资本的“无产阶级”和服务业工作人员，比如电话呼叫中心的员工。

阶级 1

我是“精英”。我是一名公共关系总监。我毕业于剑桥大学。我有很高的家庭收入和存款，而且我对于“高雅”文化有很深的造诣。

阶级 2：稳健的中产阶级

阶级 3：技术中产阶级

阶级 4：新晋富有的工薪阶级

阶级 5：传统工人阶级

阶级 6：新兴服务业工作人员

阶级 7

我是一名“无产阶级”。我是个邮递员。我没有读过大学。我的家庭收入很低，几乎没有存款，而且我租房住。我缺乏各种形式的资本。

后现代主义

正如我们在福柯的作品中读到的，**社会进步**（social progress）并不必然带来好的结果。福柯指出，知识的积累会侵蚀民主发展和自由。科学和技术的进步并没有像奥古斯特·孔德期待的那样带来乌托邦，而是导致核威胁和环境破坏。因此，人们对进步的理念失去了信心，这是当代社会的特征。

知识是通往自由的钥匙。
启蒙运动以来知识的扩张并没有带来自由和民主，而是不断增进了社会控制与支配。

自 20 世纪 70 年代以来，一些社会学家开始质疑社会进步的概念，并提出社会学并非致力于实现社会进步。这种焦虑被认为是后现代主义的特征。后现代主义态度鲜明地与现代性及其对进步的追求决裂。

元叙事

后现代主义与进步理念分道扬镳，是源于人们普遍对科学、技术、政治与社会变革失去了信心。**让－弗朗索瓦·利奥塔**（Jean-François Lyotard，1924—1998）将“后现代状态”描述为“元叙事”的终结。

元叙事指的是具有总体化和普遍化倾向的论述和理论。作为一种宏观叙事，它们认为历史和社会背后存在着普遍真理。

其中一种元叙事认为，历史受到内在逻辑的驱动，朝向普世化的结局发展。马克思主义认为历史的发展必将走向全球共产主义，这就是一种元叙事。另一种元叙事则将自由市场和民主制度视为历史必然的终点。

让－弗朗索瓦·利奥塔
历史的发展必将走向全球共产主义！
马克思先生，我对这样的元叙事已经厌倦了。

利奥塔认为，我们的社会对元叙事持有怀疑态度。我们对于任何谈论进步的政治意识形态或科学主张都保持警觉。我们惧怕元叙事是因为它们试图让一切同质化，遮蔽异议的声音，甚至驱逐不符合它们理念的个人、群体和生活方式。此外，我们也深深地怀疑科学和技术在现代社会中的角色。

知识不再为人类自由而服务，而是成了权力的帮凶。

以信息形式呈现的知识，被政府用于社会控制，而不是当作可以解决社会问题的工具。利奥塔认为，知识的生产和使用是通过两种方式实现的——**范围**（field）和**合法化**（legitimation）。范围指的是那些有能力收集数据和知识的人能够控制它们的含义。合法化则讨论知识如何在权力、权威和政府的交织影响下成其所是。

后现代主义对于社会学而言意义深远，因为社会学作为一门学科随着现代性的出现而诞生，并且致力于理解社会变迁。如前所述，很多社会学家认为社会理论和分析并不仅仅是描述社会的工具。

比如奥古斯特·孔德就认为，作为科学的社会学通过发现历史背后的规律或原则，进而预测社会发展的未来。这是一种**历史主义**（historicism）的观点，即认为社会的发展会遵循历史的规律。历史是有方向和终点的。社会学的最终形态就是社会工程学，帮助社会改良，实现社会进步。

行动来自预测，预测来自科学。

后现代主义质疑社会学以维护社会进步和改良为己任的主张。后现代立场认为我们永远不可能找到社会背后的规律，而人类的知识会随着时间而变化。并且，社会学家始终无法在研究中排除他们个人的政治和文化偏见。最后，后现代主义者还质疑了实证主义，而这恰恰是社会学这门学科的方法论根基。

当我收集完所有的资料，我就能了解一切，而且能为社会带来积极正面的改变。
不，你做不到。你的资料充斥着个人偏见。而且你永远也不可能找到社会的规律。这就是不可能的事。

社会学与性别

显而易见，本书到目前为止还没有讨论过女性社会学家和社会学对于性别的分析。对性别的忽视反映出男性在很大程度上主导了这门学科的成立和早期发展。社会学的目标在于挑战根源于社会的不平等和对立，然而值得注意的是，女性和性别长期以来并不是这门学科的核心议题。今时不同往日，20 世纪 70 年代以来性别研究已经成为社会学的主要贡献之一。此外，从性别研究到整个社会学研究领域，女性开始成为这门学科的领导者。

现在你们能听
我说了吗？

性别是生理的还是社会建构的？

男性和女性之间的性别差异，是源于自然天性、基因还是受到我们所处社会的影响？社会学家认为，性别差异是社会建构的结果。我们的性别身份并非由生理上的性别差异所决定。我们需要学习*成为*特定性别的人，并且主动再现我们的性别角色。

社会学家反对**生理决定论**（biological determinism），这是一种**本质主义**（essentialist）的观点，认为性别不平等的根源在于生理特征，例如男性和女性在荷尔蒙和人体构造上的不同。本质主义的观点通常将男性和女性之间的结构性不平等予以合理化。

女人就应该做护士、保姆和老师，因为这些工作体现了她们与生俱来的关怀情感。
但是这些工作在收入上要低于像商业经理这些所谓的“男性的工作”，这难道不是很可笑吗？我们必须停止这样的说辞，女性的职业选择不应该被她们所谓的自然天性约束。

社会学家将“性”与“性别”做了区分。女性主义社会学家**安·奥克利**（Ann Oakley，生于 1944 年）写到，“性”指的是男性和女性之间在生理特征上的不同（比如染色体、性激素和生殖器官）。生理学并不能解释女性和男性在社会中所扮演的社会角色。

“性别”指的是社会赋予男性和女性的特征（例如，一般认为女性天生比男性更有爱心）。性别的社会建构说明了性别身份几乎不是变动不居的。社会的类型和我们在其中所处的位置，造就了不同形式的性别身份。

性别并非源于个体特征，而是随着历史条件、经历状况、地理流动和家庭结构变化等因素不断发生改变。

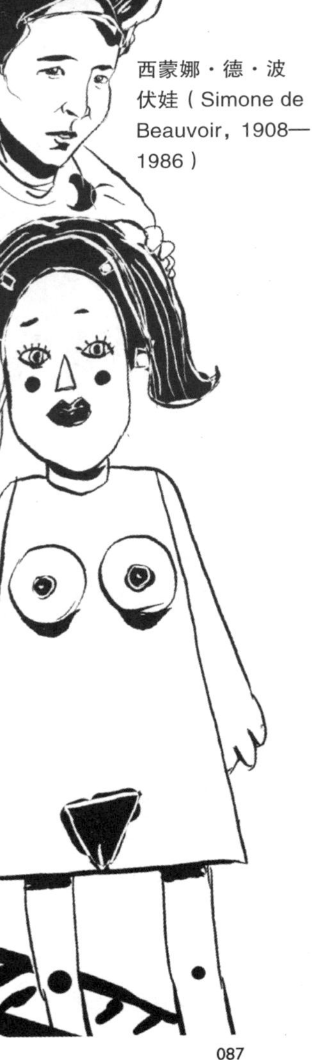
西蒙娜·德·波伏娃（Simone de Beauvoir，1908—1986）
一个人并非天生就是女人，而是变成了女人。

社会学家认为，性别的社会建构在我们的生活中无处不在。我们从出生开始，就被赋予了两种性别中的一种。我们因此被教育成把自己的性别身份当作自然而然的事情，仿佛生来如此。塔尔科特·帕森斯（Talcott Parsons）指出，社会化的过程让我们接受了特定的性别角色，女性接受了女性气质的特征，而男性则习得了男性气质。

一个“恰如其分”的女人是善于表达、富于情绪化和敏感的。她要照顾整个家庭。
男人是功利的、理性的、争强好胜的。我们赚钱养家，保护着我们的家庭。

我们很快将外界赋予我们的性别角色内化，并将其代代传承下去。那些拒绝遵守性别角色的人，会被标签化为社会的“越轨者”。当一个人被贴上这样的标签，等待着的将是流言蜚语、社会排斥和暴力行为。

帕森斯是一位结构功能主义者，这意味着他将性别视为一系列社会角色，在维持社会稳定上发挥着重要的功能。他并没有说性别角色对于社会而言是一件好事，而是说性别分工的存在对于维持社会平衡至关重要。性别差异巩固了劳动分工，划分出属于不同性别的就业空间，产生出很多在传统上认为独属男性或女性的职业。

性别角色或许并不是让人愉快的事情，但它对于维持社会平衡具有一定作用。
要不然洗衣做饭这些事情谁来做？

性别表演

不同于结构功能主义，在建构主义看来，性别并非我们在社会化过程中学习扮演的角色，因为如此一来作为个体的我们似乎无力抗拒。相反，社会建构主义者指出，我们是在积极地重塑自己的性别角色，甚至可以说我们是在*表演*性别。扮演男人或女人的方式有很多，并且通常与其他社会因素有关，比方说阶级和种族。

性别不关乎我们拥有什么，而在于我们做了什么……
……而且当我们在工作的时候，以及和朋友相处的时候，我们可以用不同方式来“做”性别。

我们前面提到过，在社会互动中表演和展现社会角色的社会学理论，欧文·戈夫曼称之为“互动秩序”。当我们将自我表现出来并且得到其他人认可的时候，我们的自我意识才成为“真实”的存在。戈夫曼认为，社会实践并非单纯“呈现”自然意义上的性别差异，更多的时候社会实践直接创造出了这些差异。我们所理解的性别的“生理”标志——比如性器官——并不重要，重要的是社会互动，以及在此过程中我们赋予它们的丰富意义，使之成为区分性别的标志。

我们的性别身份认同是一种自我展示，而不是内在自然特征的表现。

我们的性别意识源自日常与他人的互动过程，由此逐渐形成了与身边社群一致的关于性别“是什么”和“意味着什么”的理解。

激进的女性主义学者**朱迪斯·巴特勒**（Judith Butler，生于 1956 年）进一步扩展了性别表演的隐喻。性别是一种剧本，在我们的社会化过程中不断排练。我们就是这个舞台上的主演，通过衣着打扮、行为举止和文化消费来表演性别。巴特勒颂扬变装皇后——他们通常是男性，却表演着夸张而且刻板化的女性形象。对于巴特勒而言，变装皇后把所有性别角色都会有的表演成分展现得淋漓尽致。

亲爱的，你看起来真可爱！

然而，由于我们通常很少从表演的角度来看待性别，也就未能觉察社会现有的性别定义如何制造出男人和女人之间的不平等。社会学家的首要任务就是挑战性别的本质主义定义。通过揭示出性别的建构和表演特征，我们才能着手解决女性在社会上所遭遇的结构性弱势。性别规则是有历史脉络的，并且有赖于人们不断将这些规则实现。巴特勒让我们关注那些质疑性别真实性的性别表演形式。

异装癖的性别和那些遵守社会规范的人所表演的性别一样，都是真实存在的。如果说性别的“真实性”是通过表演来实现的，那么可以说，在性别表演的背后并不存在一个本质的和潜在的“性”或“性别”。
朱迪斯·巴特勒

性别秩序

世界上的所有社会都是建立在性别分工的基础之上，由此财富、权力和特权在男人和女人之间的分配是不公平的。性别不仅仅是社会差异的建构，而且也用于论证男女之间不平等的合法性，维持男性对女性的剥削和统治。这样的社会组织形式被称为**父权制**（patriarchy）。

社会学家在研究性别议题的时候，特别关注父权制的具体运作机制。父权制可能会以显而易见的形式存在，比如“男主外，女主内”的预设。但是，很多时候父权制的表现更为复杂。

类似化妆和节食这样的行为是否维持了性别差异和女性从属于男性的社会地位？
婚姻和生育是否延续了社会不平等？

霸权式男性气质

为了更好地理解父权制的运作，有必要分析男性是如何维持他们在社会中的权势地位的。社会学家关注在某个具体社会中男性气质的建构方式。澳大利亚社会学家**康奈尔**（R.W.Connell，1944— ）提出了“霸权式男性气质”的概念，用于描述支撑父权制的男性身份认同形式。霸权式男性气质是一种关于男性气质的文化理想，维护了性别秩序中的统治和压迫的社会结构。它为所有的男性提供了一种自我定位的样板。

康奈尔认为，社会学家的作用在于识别霸权式男性气质的不同形式，并揭示出霸权式男性气质如何巩固社会秩序的基本结构。

为了享受父权制带来的好处，男人们必须要遵照霸权式男性气质来行事。

父权制和霸权式男性气质会将性别不平等予以合理化，但是并非所有男性都能从中获益。有些男性通过霸权式男性气质得到的好处更多。他们建构出一种男性气质来获取更多的社会、经济和文化资本。相比于社会阶级较低的男性与少数族裔男性，父权制更有利于社会阶级更高的男性和属于多数族裔的男性。在同一栋大楼里，一位中产阶级白人办公室经理会比一位少数族裔的移民清洁工享有更多的特权。

不同社会阶级对于霸权式男性气质有不同的理解。霸权式男性气质的规则在不同社会群体中也有不同表现。

变迁中的男性气质

从 20 世纪晚期到 21 世纪初发生的巨大变化，改变了女性和家庭在工业社会中的传统角色，并由此引发人们对于男性气质及其社会变迁的重要思考。

在西方社会，进入大学就读的女性比男性更多了。现在男女之间的性别分工已经不再明显，男性和女性要竞争同样的岗位。在这样的情况下，男性也开始关注和打理自己的身体和外表，同时也开始在工作中投入情感劳动，而过去人们只会期望女性这么做。女性已经成功地颠覆了传统规范，男人不再被默认为是养家糊口的家庭领导者。

亲爱的，我回来了！
关于男性气质和女性气质之间的传统规范已经不复存在了。

男性气质的危机

康奈尔认为霸权式男性气质是一种理想的身份认同，只有极少数男性能够真正做到。那些能够驾驭这种身份的男性获得了优越的社会地位，享受着康奈尔所说“父权制红利”。

至于那些无法实践这种理想身份的男人，他们面临着“男性气质危机”，因为他们身为男性的传统角色受到了威胁。一些社会学家认为西方社会中的男性更容易罹受抑郁的困扰。当他们失去自己的地位时，甚至会萌生自杀的想法。

现在我们的岗位角色不断变化，工作环境不稳定，有员工冗余和裁员的风险。
我的压力来自既要遵循传统的男性气质，同时还要建立一种“新男性”的身份。

同性恋的男性气质

康奈尔认为在霸权式男性气质建立的等级之下，有很多处于从属地位的男性气质和女性气质，其中就有同性恋的男性气质。如果说霸权式男性气质被认为是身为男人的表现，那么在依据性别秩序建立的社会中，同性恋男性显然不符合男性气质的标准。康奈尔并不是在说同性恋男性就低人一等，他想说明的是同性恋是一种被污名化的身份，在男性所处的性别等级结构中位于底层。

SPORT
霸权式男性气质建立起一种异性恋的身份形式，由此产生了恐同心态，也就是对同性恋男性的憎恨。恐同心态反过来维系了异性恋的身份认同。同性恋男性被看作是“正常”男性身份的对立面。

种族和族群

社会学对于种族和族群的研究几乎自这门学科诞生之初便开始了。这里不能不提到非裔美国社会学家**杜波依斯**（W. E. B. Du Bois，1868—1963）的贡献。他既是重要的社会改革家，同时也是民权运动的积极分子。杜波依斯在哈佛大学攻读社会学，成为哈佛大学第一位获得博士学位的非裔美国人。杜波依斯的作品探讨了非裔美国人的社会世界，不但为种族和歧视的研究做出了卓越的贡献，同时也推进了社会学研究中统计数据和图表的运用。在一项关于美国费城非裔美国人聚居区的研究中，杜波依斯借助访谈、个人观察和档案来记录黑人社群的生活。

杜波依斯
我志在创建一门公共社会学来改变这个充斥着种族主义的社会。

杜波依斯早期的研究是关于美国费城非裔美国人聚居的贫民窟社区的。他将这些社区视为社会系统，因此成为第一个系统性探究种族主义在社会和经济结构中如何运作的社会学家。

种族主义不仅仅是一种哲学视角，认为黑人比白人低一等。针对黑人群体的偏见和歧视的目的，还在于形成廉价的劳动力来源，以供资本家剥削。

20世纪最大的问题是种族问题。

在《美国黑人社群的重建（1860—1880）》这本出版于 1935 年的著作中，杜波依斯运用马克思主义来分析种族问题。

人类的解放就是劳动者的解放，劳动者的解放就在于解放最广大的黄色、棕色和黑色人种的工人群体。

杜波依斯的早期作品寄望于有良心的白人领袖和商人，希望借助他们的力量来推动社会变革，结束种族主义。但最后他得出的结论是，这些人并无意于解决种族问题，因为他们才是这个种族分裂的社会的受益者。

双重意识

杜波依斯特别关注非裔美国人在日常生活中如何体验和理解种族主义。他提出了“双重意识”这个概念，用于描述黑人群体如何内化歧视与偏见，深刻地洞察了美国社会体制中的张力：这个社会为自己的公平和平等而骄傲，却又容许种族歧视存在。黑人社会的文化和个体成员的心理感受常常建立在用美国白人的种族主义眼光来打量自己的基础上。当黑人群体尝试融入美国社会，同时还想保持独特的种族身份认同的时候，他们就产生了双重意识。

双重意识总是将自己置于他人的目光之下，总是让世俗规范来衡量自己的灵魂，面对着轻蔑和怜悯……

社会学与移民

在社会学关于种族和族群的研究中，移民是一个核心的研究领域。美国作为移民国家而闻名，“二战”以来很多西欧国家也逐渐演变成为移民社会。移民可能是非自愿性的，例如逃离战争的难民。不过社会学家通常更关注*自愿性*移民，及其背后复杂的影响因素，例如对原籍国生活条件的不满和对富裕地区更好生活的向往。很多时候，国家会吸纳移民来缓解劳动力的短缺。粗略估计，现在全球共有超过 2.2 亿的移民。

我们感兴趣的是移入国如何应对移民，以及移民自己的经历。

社会学家研究了“二战”后欧洲移民所遭受的各种各样的种族歧视。他们关注**“种族化”**（racialization）现象，即社会分裂成依据种族特征形成的不同社会群体的过程，这些群体基于肤色或是语言而彼此对立。社会学家认为，种族化通常将特定的少数族群视为底层的社会群体，让歧视顺理成章，也维系了主流群体凌驾于他们之上的权力。

社会学家用**“种族主义”**（racism）这一概念来说明建立在种族歧视话语基础上不平等的社会制度与社会过程。**“制度化种族主义”**（institutional racism）指的是系统性地造成少数族群弱势地位的公共制度。例如，由于英美的警察对待少数族裔群体的方式，他们被批评为制度化种族主义的帮凶。

IS MY
SON
NEXT?
#BLAC
LIV
MATT

文化种族主义

研究移民和种族的社会学家发现，自 20 世纪 60 年代以来，用于合法化种族主义的语言发生了变化。过去，种族主义语言强调的是白人比之于其他族群在精神和智力上的优越性，而现在为种族主义辩护的是文化身份。社会学家**保罗·吉尔罗伊**（Paul Gilroy，生于 1956 年）发现，英国的媒体和政治人物在谈到来自加勒比地区的黑人移民的时候，认为他们的文化观念和英国人的文化观念无法和谐共处。在 20 世纪 50 年代，这群人被描绘成“皮条客”；到了 80 年代，他们又被认为是“抢劫犯”。

关于“黑人犯罪”的讨论，让这些移民看起来犹如国家稳定和安全的威胁。犯罪是“种族化”和性别化的。

这种新兴的文化种族主义与英国在 20 世纪 70 年代末的政治转型有关。吉尔罗伊认为彼时英国进入了一段长时间的经济与政治危机，它失去了帝国的地位和作为生产基地的殖民地。在这个背景下，种族和国家政治催生了新兴的文化导向的种族主义。人们描绘移民的形象，强调他们格格不入的特征，并突出黑人群体的犯罪倾向。吉尔罗伊和其他社会学家指出，在国家干预的关键领域如教育和警务，都受到了文化种族主义的影响。

在英国战后的经济衰退中，移民成了方便好用的替罪羊。
自从他们来了以后，这儿变得越来越糟糕。
他们跟我们不一样。

文化种族主义的强有力之处在于它能够应用于不同的国家及其移民问题。移入国运用文化种族主义的说辞，把自身建构成为种族单一的国家和社会，而那些拒绝融入的移民对这里的传统生活方式构成了威胁。因此，移民的文化身份成为国家和谐的威胁，在移入国的社会显得格格不入。文化种族主义建立在**排外观念**（xenophobia）的基础上，这个观念是指对来自不同文化背景的人抱有深深的恐惧。移民不仅是一种文化威胁，同时被视为影响了国家的团结凝聚，因为他们被控诉抢走了移入国成员的工作。

不能让非法移民危害我们人民的工作和社会稳定。我们有权维护自己的文化、语言和价值观。

伊斯兰恐惧症

随着过去几十年间新一批移民的到来，英国和很多其他欧洲国家的移民模式也发生了改变。文化种族主义是否还能够用于描述移入国和新移民之间的关系？社会学家认为，可以通过考察部分西方国家出现的伊斯兰恐惧症来回答这个问题。伊斯兰恐惧症是一种对于穆斯林移民的身份认同与文化实践的恐惧感，认为穆斯林文化对人权、民主和政教分离等西方核心价值观构成了威胁。

我们不能一味容忍伊斯兰文化对我们价值观的冲击，这是对我们所珍视的所有事物的挑战！

社会学家研究了女权问题如何用于论证伊斯兰恐惧症的合理性。比如，某些西方报纸聚焦于来自撒哈拉以南非洲地区的一些穆斯林群体所做的女性割礼，这种做法被认为损害了女性的权益。一些穆斯林女性穿着的头巾或罩袍同样被认为是站在了西方价值的对立面，违背了个人的选择自由。社会学家认为，伊斯兰恐惧症的目的在于将穆斯林移民刻画成出现在所谓的“进步”和“民主”的西方国家里的危险群体。

我们当然欢迎穆斯林移民来到这个国家……只要他们能够接受我们的价值观和信仰。

多元文化主义

文化常用于描述移民群体的差异，社会学家将其与公共政策结合进行考察。其中一个尤为重要的例子是关于多元文化主义的政策。多元文化主义认为少数族裔群体具有不同于主流人口的文化身份特征。移入国应该对这些文化身份特征予以辨认，并适应这些特征的存在。

多元文化主义是文化同化政策的对立面。后者试图让移民遵从移入国社会的价值与规范。

多元文化主义是件好事，因为如果我们能够尊重移民的文化身份特征，他们就能更好地适应和融入主流社会。
多元文化主义是件坏事，因为它鼓励不同文化彼此割裂、互相对立。我们要鼓励的是文化同化！

多元文化主义从何而来？事实上，它的出现旨在建立一种新的社会系统，终结种族主义和歧视。在多元文化主义观念的发展过程中，德裔美国人类学家**弗朗兹·博厄斯**（Franz Boas，1858—1942）扮演了重要角色。

博厄斯的作品写于科学种族主义盛行之际，并对此提出反对意见。科学种族主义研究声称不同种族之间有等级差异，体现在生理和生物学特征上。这些研究将欧洲白人视为最高等级的种族，其他种族等而下之。种族歧视由此披上了由科学提供的学术外衣。

弗朗兹·博厄斯
我并不是一个种族主义者。只是科学事实表明欧洲人的大脑比其他人种的进化程度更高。
你是说，这是一个事实？
14.
15.

文化相对主义

博厄斯提出在不同种族之间没有根本性的差异；相反，文化在造就不同的人类文明上发挥了更重要的作用。博厄斯认为，我们身处的文化社群——族群、宗教、国家——塑造了我们身为人类的特征，以及我们与社会的关系。

在不同的文化背景下，标准和价值观是相对的。因此，博厄斯认为文化之间无法比较，也不可能排出等级高低。这种认为所有的文化都*不能*进行等级排序的看法就是“文化相对主义”（culural relativism）。文化相对主义者认为我们不但应该倡导文化多元，更要接受它是社会运转不可缺少的关键部分。

我和你的文化彼此不同；我们应该承认，作为人类，我们可以有各种各样的生存方式。

承认

多元文化主义者认为，人类作为群体成员，是通过共享的文化身份认同联系在一起的。不同群体都希望自己的身份认同能够得到其他群体的承认。当有群体拒绝承认其他群体的文化身份认同，甚至予以贬低时，就会导致压迫和不公平。

多元文化主义要求我们承认少数族裔群体特殊的文化身份认同，营造更宽容的社会氛围。文化身份认同包括宗教习俗、语言、音乐和艺术等。国家多元文化主义提倡开设宗教学校，将少数族裔群体的文化身份认同纳入学校课程和大众传媒，甚至在公共住房和工作分配上采取平权行动（积极性的差别待遇）。

黑人和少数族裔群体在我们公司的比例不足，所以我们为来自这些群体的求职者专设了青年培训项目。

多元文化主义代表了不同于传统的另一种实现社会公平的方式。

个体—融合主义取向的政策将我们视为独立的个体，国家因此不应该对我们区别对待。社会学家**塔里克·莫都德**(Tariq Modood，生于 1952 年)指出，多元文化主义在对待少数族群上不同于融合主义，因为多元文化主义明确地承认不同群体存在的社会事实。我们不能闭上眼睛假装移民群体的文化身份认同不存在。

个体—融合主义取向的族群多样性政策
公平和公正意味着我们对所有人一视同仁。
我不只是一个独立的个体。我所处的社会群体拥有不同的价值观和需求。你们不能用对待其他社会群体一模一样的方式来对待我们。
多元文化主义取向的族群多样性政策

有效的多元文化主义应该是一种双向奔赴的过程，最终实现成功的种族融合。

文化同化要求移民群体调整自身的文化实践，使之符合主流社会的要求。而多元文化主义要求不同社会群体相互适应。

多元文化主义的目标是增进移民和主流人群的相互理解，进而在他们之间建立起共识，构建共同的国家认同。

批评多元文化主义

是否所有的社会学家都认同这一点：多元文化主义可以带来渐进式的反种族主义政治？很多社会学家担心多元文化主义的实际效果可能截然相反。**凯南 · 马利克**（Kenan Malik，生于 1960 年）认为，多元文化主义鼓励人们从自己所属的社会群体来认识自己，这会让社会走向群体隔离，不同的社会群体之间不再互相往来。

এটা আমার নজিরে সম্প্রদায়রে মধ্যে থাকার সহজ
我不知道你在说什么。
多元文化主义并不意味着一个平等的社会，它倡导的是容忍差异而不是平等，实际上构成了一个不平等的社会。

凯南 · 马利克

鲍曼认为多元文化主义限制了社会群体团结合作的可能性，难以克服不同形式的不平等与歧视，因为多元文化主义认为群体之间相互区隔是合情合理的，这就让严肃的跨文化沟通变得愈发困难。

本质主义与跨文化主义

多元文化主义面对的另一种批评认为，它将文化和群体身份认同视为固定不变的现象，提倡本质主义立场，将族群视为高度同质化且永远存在的事物。不同于多元文化主义预设的本质主义立场，一些社会学家转而提倡“跨文化主义”（interculturalist）的立场。

跨文化主义立场认为并不存在所谓纯粹的文化，文化并不单纯属于某一个群体。在跨文化主义者看来，我们应该鼓励的是文化融汇与混合，将不同的文化形式调配在一起，从而创造出一种全新的文化，代表着生活在这个社会中的所有群体最好的一面。

全球化

生活在任何一个地方的人们都会受到其他地方的事件及其演变过程的影响。

我们生活在一个相互联系日益紧密的世界里。地方性事件和地区受到全球范围内发生的大事小事的影响。它们可能受到全球变暖和气候变化的刺激，或者受到金融市场和跨国公司扩张的影响。因此，人们正在形成一种全球一体的意识，这个过程被称为“全球化”。全球化对我们社会世界的影响已经成为社会学的一个主要研究主题。不过，社会学家很少就全球化的根本原因或其主要后果达成共识。

时空压缩

我们的世界似乎正在缩小。同时，由于交通和通信速度的提升，我们的生活节奏也越来越快。社会学家和地理学家**大卫·哈维**（David Harvey，生于 1935 年）将这种地理空间的压缩描述为“时空压缩”。

例如，在 18 世纪，风力帆船是当时主要的长途旅行工具，平均速度是每小时 16 公里。到了 21 世纪，喷气式飞机以每小时 800 公里的速度带着我们穿越地球。以互联网和卫星技术为代表的数字化通信手段，缩减了绝对距离和相对距离之间的差距。绝对距离是指两地之间的直线里程数，而相对距离是指在当前技术条件下两地之间的交通距离。

你起床了吗？
正准备开始工作呢。今天你过得怎么样？

由此可见，时空压缩的背后是科学和技术的进步。哈维进一步论述了两者之间的因果关系。他认为，科技进步是由近期资本主义商品生产方式转变所推动的。

技术变迁不但加速了全球资本和商品的流通速度，也在全球范围内打开和扩展了新的市场。
提升全球资本流动速度的需求
打开和扩展市场的意愿
技术和科学进步
时空压缩

时空分延

如果不考虑人们实现快速旅行的能力差异，大家在空间压缩上的体验是否相同？如果我们的世界正在缩小，这会对社会关系产生什么样的影响？英国社会学家**安东尼·吉登斯**（Anthony Giddens，生于 1938 年）用“时空分延”（time-space distanciation）这个概念来回答上述问题。在传统社会，社会互动需要人们同时在场，并且以面对面互动为主。同时在场使得此时此地的体验异常重要。吉登斯认为全球化增强了人们在不同时区的远距离沟通与互动的能力。

在全球化过程中，社会系统并不是彼此隔绝的，而是通常连接在同一个网络之中。
安东尼·吉登斯

世界体系理论

伊曼纽尔·沃勒斯坦（Immanuel Wallerstein，1930—2019）同样认为全球化是资本主义发展的产物。他称资本主义为一个“世界体系”，这个系统经过了几个世纪并最终在 20 世纪晚期发展成熟。

伊曼纽尔·沃勒斯坦
世界体系意味着今天全球形成了一个总体性的经济体系。这个经济体系让一些国家在经济和政治层面上剥削着其他国家。

从 16 世纪起，技术进步和市场制度推动欧洲国家开始探索世界的其他地区，寻求资源和交易。它们特别要找的是自然资源。这样的探索滋养了资本主义的发展，沃勒斯坦把这个过程描述为“无穷无尽的资本积累”。资本主义总是在不断寻找更便宜的原材料和新的消费者。

中心和边缘

世界体系意味着没有国家能够完全置身于资本主义的整体框架之外。无论它们的意愿如何，所有的国家都彼此关联，整合在这个体系里。问题是，每一个国家在这个体系中的位置如何。沃勒斯坦提出了“中心—边缘”来说明国家在体系中的关系。

中心国家是具有经济和军事实力并且引领技术发展的国家。它们运用自己的实力，通过索取原材料（如石油、天然气和矿产）和廉价劳动力，剥削贫穷和羸弱的**边缘国家**。边缘国家通常处于政局不稳的状态，工人们的工作条件很糟糕。它们通常背负着源自中心国家巨额的金融债务，最后还要接受来自中心国家的援助。作为缓冲地带的**半边缘国家**，则处于工业化发展的过程中，有一定的实力来抵御中心国家的剥削。

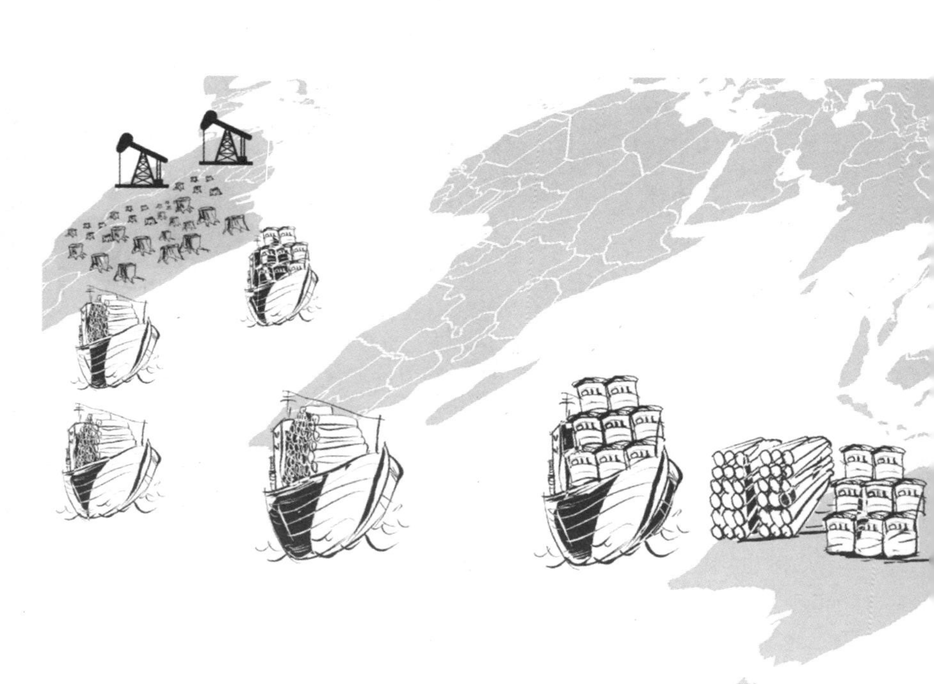
OIL

世界体系理论让我们从世界一体的角度进行思考。从社会学的角度分析每个国家的处境，需要看到这个国家在世界体系中处于中心、半边缘还是边缘的位置。

沃勒斯坦并不认为资本主义的世界体系是一成不变的。随着时间的流逝，有些国家的位置会发生改变，也可能成为这个体系里强有力的领导者。

我预测这个体系会出现全球经济衰退和停滞的阶段，由此产生各种各样的社会动荡和抗议行动。

文化全球化

时空压缩和世界体系属于马克思主义理论对于全球化的分析。它们基于马克思主义立场，强调全球化作为资本主义发展的产物，并指出全球化带来了日益严峻的社会经济不平等。在马克思主义视角之外，也有其他分析全球化的社会学理论。马克思主义和非马克思主义社会学家关于全球化的一个核心争论，是全球化究竟带来了文化同质性还是文化异质性。接下来，我们将会进一步探讨这一问题。

在全球任何一个地方你都能欣赏好莱坞电影，这就证明了文化同质性。
这点没错，但这难道就意味着世界各地的人以同样的方式来解读这些电影吗？
12
13

同质性

马克思主义理论往往强调全球化促进文化同质性，因为中心国家批量生产出千篇一律的文化商品，再卖到世界各地。文化同质性会破坏各地的本土实践与文化，来自中心国家的实践与文化会取而代之。

文化同质性被用于维持中心和边缘之间不平等的经济关系，我们也可以将其解读为文化帝国主义。特别是美国，通过自身的经济实力来实现美国消费品牌的垄断性地位，比如苹果、可口可乐、星巴克和麦当劳。这些品牌反过来也会巩固美国的经济地位。同样的逻辑也体现在美国大众传媒公司的优势地位上，例如 CNN、迪士尼和华纳。这些都反映出美国作为中心国家领导者的地位。

全球各地出现同样的消费商品，造就了全球各地同样的思考方式。

乔治·瑞泽尔（George Ritzer，生于 1940 年）借助马克斯·韦伯关于形式理性的观点，分析了“麦当劳化”现象，为文化同质性提供了一个细致的研究范例。韦伯认为现代社会的特征是形式理性系统逐渐占据主导地位。

理性化是指逻辑一致的规则取代了传统或者不合逻辑的规则。

乔治·瑞泽尔

瑞泽尔认为麦当劳在快餐领域的运作方式（特别是它建立的理性系统）逐渐开始主导美国社会的其他领域，并在全球范围内扩散。

麦当劳化的主要特征是效率、可计算性、可预测性和控制，主要通过机器取代人的方式实现。麦当劳化将一项工作逐级分解到最小的层级，再将这项工作变得理性化，也就是找出效率最高且最符合逻辑的工作方式。如此一来这项工作每次都能以同样的方式完成，并产出期望中可预测的结果。此外，数量（或者说可计算性）成为衡量工作业绩的指标。

瑞泽尔认为，上述原则已经从快餐业引入全球几乎所有的机构。正因此，麦当劳化就是全球同质化的一个范例。

馅饼成型机
面包切片机
1.8 盎司牛肉
好耶！在一个小时内可以做出 100 个汉堡。

异质性

对于全球化带来同质性的说法，有一种主要的批评与文化有关。虽然社会学家承认文化现象已经变得全球化了，但是不同文化的流动构成了一幅复杂的图景。接触其他文化并不意味着思想观念上的转变。

全球各地的社会群体消费着同样的文化符号，但是他们会加以调整，或者改变文化符号的意涵，让这些文化符号与本地的习俗和经验相协调。在某种意义上，跨国公司根据当地条件调整产品的做法也是出于同样的逻辑。所以印度的星巴克会为当地市场提供特殊的口味。

这是一家来自美国的公司，但是我们在上面留下了属于我们的印记。

异质性同样体现在当地居民从自身独特的经验出发，对全球文化商品进行重新解读或改编。**洪美恩**（May Ien Ang，生于 1954 年）研究了全球各地的观众如何观看 20 世纪 80 年代的美国肥皂剧《达拉斯》。洪美恩发现，不同国家的观众会从不同的角度来解读这部电视剧。

这称不上一部“优秀的”电视剧。我对里面的所有角色都没感觉。虽然总的来说还算有意思。
《达拉斯》批判了资本主义社会和它那自私自利的价值观。
DALLAS

全球本土化

在一些社会学家看来，本土传统与全球现代性的碰撞，代表了一种混杂性。当两种或更多不同形式的事物混杂在一起时，可以产生出新的东西。**罗兰·罗伯森**（Roland Robertson，1938—2022）造出了“全球本土化”（glocalization）一词，用于解释人们如何用本土文化来重新解读全球化的文化产品。全球化的文化受限于本土文化对它的接纳。

罗兰·罗伯森
全球本土化是全球文化和本土文化的混合。
CURRY
KETCHUP

全球本土化同时还起源于跨国公司的市场营销策略。这些公司想让自己的产品销往世界各地，就要对广告和产品进行调整，迎合当地消费者群体的文化身份认同。

风险社会

既然全球化趋势如此汹涌，那么它是否深刻地改变了我们的社会？德国社会学家**乌尔里希·贝克**（Ulrich Beck，1944—2015）正是这样想的。他认为全球化释放出的力量连它自己都无法完全掌控，带来的后果是贝克所说的“风险社会”。风险作为一种当代社会状况，在这里是指由于人为的危险而产生的不确定感。贝克勾勒出几个重要领域的“风险”。

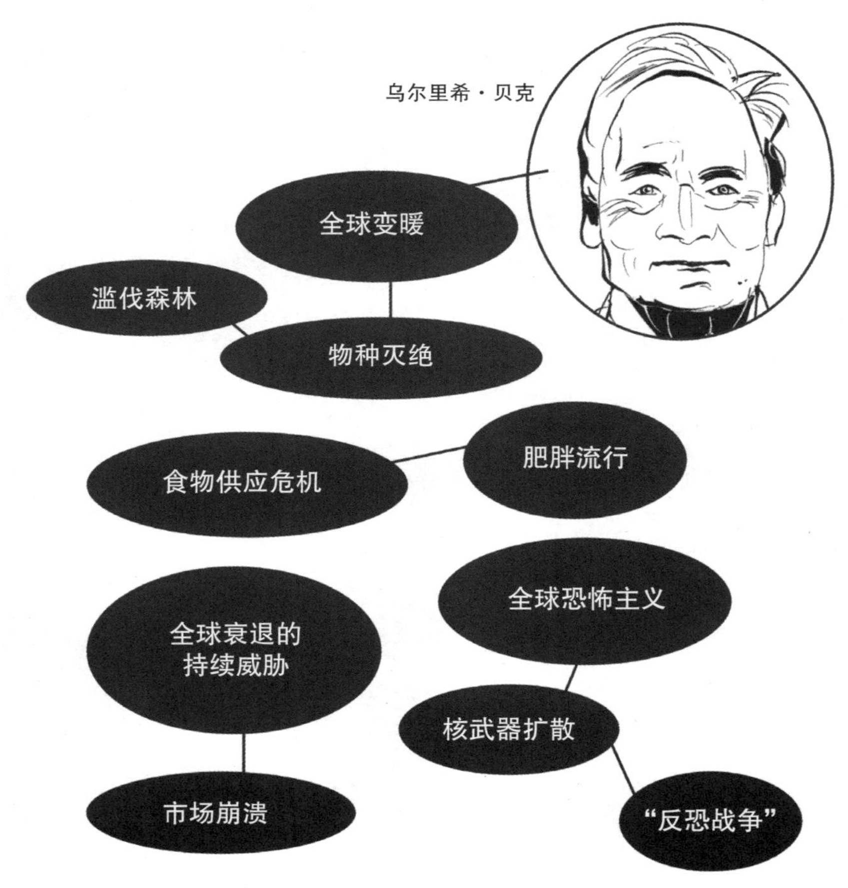

乌尔里希·贝克
全球变暖
滥伐森林
物种灭绝
肥胖流行
食物供应危机
全球恐怖主义
全球衰退的
持续威胁
核武器扩散
市场崩溃
“反恐战争”

贝克认为风险是全球范围的，超出了民族国家的边界。在日常生活中，我们必须应对各种各样的风险。我们的政府和公共部门对于风险的应对不力，会加剧持续性的危机感和不确定感。贝克追溯了我们形成当前心态和系统性应对的历史，概括出过去几个世纪里人类社会在回应风险上的变化。在中世纪晚期，风险和危害主要源于自然界，例如地震、火山喷发和瘟疫。

在中世纪晚期，人类将风险视为自然界的产物、命运或者神迹。

紧随中世纪而来的是贝克所谓的“第一现代性”（first modernity），大致从 17 世纪到 20 世纪 60 年代。这一时期人类社会经历了急剧的经济、政治、文化和社会的现代化。

第一现代性

第一现代性的特征就是工业化工厂经济的兴起。这一经济模式运用自然原材料进行大规模的商品生产。彼时的人们相信，只要他们想要，自然界就有取之不尽用之不竭的资源。现代化同时也带来了新的政治形势：民主政府的出现和公民权利的发展。后来，人们开始要求社会权利，例如公共住房、就业和医疗保障。这就推动了福利国家的出现。结果，国家变得更加强大，能够对公共生活的更多方面进行干预。

第一现代性也让社会生活出现了剧烈的转型。我们见证了传统消亡的过程。旧有的等级制度和习俗变得不再常见，宗教权威就是一个例子。

在第一现代性时期，我们的生活逐渐得到了国家的支持，但是也渐渐开始受到国家控制和管理。
作为个体，我们可以更加自由地选择自己的社会身份和所属社群。

第二现代性

第二现代性——也就是风险社会——释放出了**“反思性现代化”**（reflexive modernization）的力量。虽然贝克并未明确提出第二现代性的起始时间，一般认为大致始于 20 世纪 70 年代。随着英国社会**战后共识**（post-war consensus）的终结，人们不再认为混合型经济与强有力的福利国家的结合能够带来更加公平的社会。风险社会也反映出我们的社会意识到了日益严峻的全球问题，比如金融市场和环境问题。

CNBC
NYSE
BARCLAYS
NYSE
反思性现代化指的是我们作为一个社会整体，开始体验到新的风险和不确定性，并要着手应对。

在第二现代性中，我们感知到的风险来自“人为”问题。甚至特别讽刺的是，原本应该对我们有益的社会政策反而变成了问题所在。过去，充分就业和福利国家为个人编织了一张安全网，但是在第二现代性时期，这些全都消失不见了。人们现在的工作往往是短期合同制，担忧着随时会被裁员，没有任何工作安全感。在第二现代性时期，人们不再认为科学和技术是积极正面的，不相信它们能够带来人类的进步。相反，我们不信任科学，惧怕它对世界的影响。

我没想到会这样。
我所有的积蓄！一瞬间全没了！

应对风险

我们如何在社会和个人层面上应对第二现代性的风险社会？一些社会学家关注我们如何以不同方式尝试抵消风险，以及如何重建对生活的安全感和掌控感。社会学家承认这并不容易，并且这样的尝试可能会带来相当糟糕的后果。

风险社会可以说是在鼓励我们成为个体，但是它让我们无所依靠、孤立无援。作为回应，我们可以试着培养一种社群意识，找到我们的归属感和安全感。但是，在最坏的情况下，带有排外性质甚至种族主义的社群可能会由此诞生。

我是如此特别！但是又如此孤独。
EDL
England
如果不是因为那些移民，我们可以拥有更好的工作和住宅。我们要坚定地站在一起，把他们赶出去。

新的机会？

乌尔里希·贝克认为全球主义和风险社会为积极的社会变革带来了新的机遇。如果我们所面临的许多问题都是全球性的，这就要求我们采用全球性的思维方式来处理它们。类似的全球问题包括气候变化、环境破坏、粮食风险、核武器、全球金融风险、基因克隆和“反恐战争”。贝克指出，民族国家不再具备单独解决这些问题的能力。

贝克认为，许多民族国家的政治和经济力量开始减弱，而这并不完全是一件坏事。贝克看出这是一个机会，我们可以通过跨国界的合作来着手处理全球问题。

ATO
现在的政治和经济决策在很大程度上被移交给了国家之外的机构，比如欧盟、世界银行、北约、联合国和国际货币基金组织。

世界性的视野

贝克呼吁我们培养“世界性的视野”。我们不能单独考虑自己国家的利益和顾虑，而是应该看到在全球层面上人类整体的未来和命运是如何绑定在一起的。贝克注意到民族国家的力量大不如前，但同时他也没有在跨国机构和企业身上看到世界性的想象力。贝克认为普通人将在这个过程中扮演关键角色。

我们必须在基层组织起来，产生一种能够带来全球变化的政治。
SOAP

全球公民社会

世界性的视野在发展全球公民社会的过程中至关重要。全球公民社会是指超越家庭、国家社会、政治和经济制度的观念、价值、制度、组织、网络和个人所组成的领域。全球公民社会是典型的“自下而上的全球化”。

不同于跨国企业自上而下塑造的全球化进程，全球公民社会代表了普通公民控制全球化的努力。展现人民力量的做法包括：选择食用可持续生产的绿色食品，拒绝剥削性劳动制造出来的衣服。

力量就在你们手中

GREENPEACE
P.E.T.A

国际非政府组织

一般认为全球公民社会有两种类型。第一种类型是**国际非政府组织**（international non-governmental organizations，INGOs），它们的行动和目标以全球或跨国为参考框架。国际非政府组织处理人权和环境问题，以及人道主义灾害救援。这方面的例子有核裁军运动、绿色和平组织和乐施会等。国际非政府组织是半科层化的机构，通过长时间参与公共事务获得民众支持。它们与各国政府或企业建立了长期合作关系，由此推动政策变革，让国家遵守全球人权规范，鼓励跨国公司采用更清洁的可再生能源。

FREEDOM
核裁军运动将一个国际组织的知识和声誉与千千万万像我这样的个人的力量结合起来。

全球社会运动

第二种全球公民社会类型是社会运动。社会运动通过持续性动员来实现政治目标。它们的基础是人民的力量，参与的成员之间相对平等，有着共同的信念和团结的精神，并采用抗争的方式。

WE ARE THE 99%
TOGETHER
我参加了下面这些大型全球社会运动：占领运动、全球现在正义、夺回街道……

这样的基层运动是全球性的，因为它们在很多国家都发生过并且得到了当地人的支持。在相对富裕的国家，全球公民行动以消费者抵制的方式来支持贫穷国家的人民。西方国家的社会运动同时也会受到所谓“全球南方”（Global South）等相关运动的启发。

推动全球公民社会发展的一个重要工具是社交媒体。社交网络作为一种高效的信息传递方式，让运动参与者能够在全球范围内传递观点和争论，分享运动的过程，以跨越国境的方式来影响公众舆论。

例如，2011 年，为了抗议社会和经济不平等，美国纽约出现了“占领华尔街”运动。随后，这场运动通过社交网络，延伸到了全球超过 1000 个城市。

和平抗争工作坊，下午 2 点 # 让我们一起占领
这里可以查阅占领地图和物资
想要学习建造技能的今天下午过来
@Adbusters
Can we get 20,000 people to barricade Wall Street until their demand for real democracy is met? http://bit.ly/re9ENL #occupywallstreet
UPROSE
BEAUTIFUL CLEAR FLOWERS

全球变迁？

全球公民社会是否真的能够改变全球化的特征？因为这些运动的目标并不是政治上的一官半职，所以我们很难衡量它们所带来的直接改变。但是，从社会学的角度来看，可以说这些运动在很多方面都产生了深远的影响。

我更加清楚地意识到身边的那些重要问题，以及它们是如何影响我的生活的。
全球社会运动改变了我思考和谈论这些问题的方式……
并且它们迫使政府和政党改变相关政策。

社会运动

我们了解了全球社会运动的力量，不过我们也有必要了解在全球化时代之前的社会运动。社会学家研究社会运动，一方面是因为社会运动是社会变迁的重要指标，另一方面也因为社会运动是社会变革的动力。

安东尼·吉登斯

社会运动是一种集体努力，通过在现有的制度之外开展集体行动，推动共同利益或者保障共同目标的实现。

当一群人发现社会生活的某个具体方面对他们来说不公平，他们便会参与社会运动以尝试改变现状。比较有名的社会运动的例子包括女权主义、同性恋权益、动物权益、非裔美国人的公民权益和“绿色运动”。

为什么在过去的100年间，国家会引入女性的投票权，以及承认性少数群体的婚姻平等权益？

因为社会运动！

社会运动：旧与新

社会学界争论的一个话题是：在多大程度上我们能够区分出“新”和“旧”的社会运动。意大利社会学家**阿尔贝托·梅卢奇**（Alberto Melucci，1943—2001）认为，在新旧社会运动之间存在着明显的区别，而且这些差异是社会变迁的结果。

前几代人的集体行动主要是产业工人要求提高权益和工资。另一种与之相关的旧社会运动是争取国内的公民权利和平等。例如，妇女权益运动要求女性也有投票权，民权运动则呼吁非裔美国人应享有平等的公民身份。

NEW YORK CITY WOMEN
HAVE NO VOTE AT ALL.

译者注：图中文字意为：纽约的女人没有投票权。

后物质主义

梅卢奇认为西方社会自20世纪60年代以来经历了剧烈的社会变迁。我们现在生活在后工业社会，这影响着我们的价值观和优先目标。梅卢奇引用了另一位社会学家**罗纳德·英格尔哈特**（Ronald Inglehart，1934—2021）的作品。英格尔哈特认为人们会把他们的目标按等级排序。

当我们身处经济萧条和不稳定的时期，我们的优先目标是满足物质需求，比如金融问题、强大的国防以及法律和秩序等。如果物质需求得到满足，我们的优先目标便转向自我表达、生活质量和归属感。这些就是后物质主义的价值观。一个民主社会越是繁荣富强，就越有可能强调后物质主义。后物质主义的价值观追求的是个人能力提升、自由，甚至一个干净的环境。

我只想让我的家人有庇身之所和食物。
后物质主义价值观
物质主义价值观
我正在寻找一份创造性的工作，而且还要提供工作和生活的平衡。

新社会运动

梅卢奇认为旧社会运动体现的是以物质主义价值观为本的社会。然而，在“二战”后，社会运动开始以后物质主义作为优先目标。

新社会运动关注个体发展、个人自由、公民参与政府决策、以人道主义为本的社会理念以及维护清洁和健康的环境。
阿尔贝托·梅卢奇

新社会运动的参与者主要是中产阶级，他们的政治立场超越了左翼和右翼。

社会运动的目标在于改变政治文化，让过去看起来属于“个人”和“私人”的事情现在成为“政治”和“公共”议题。
EQUALITY

性曾经一度属于私人领域。不过性少数群体运动让性成为公共议题。他们的诉求包括但不限于停止工作中的歧视和保障婚姻平等。

动物权益保护者让衣着与时尚变成政治议题。他们不仅质疑穿着动物制品者的个人道德，而且也挑战了饲养和生产毛皮、皮革、羊毛产品所涉及的更广泛意义上的社会道德。

尤尔根·哈贝马斯（Jürgen Habermas，生于 1929 年）为分析新旧社会运动做出了重要的贡献。哈贝马斯划分新旧社会运动的标准，首先在于它们关注的社会冲突的不同，其次在于它们是希望整合到他所谓的“系统”之中，还是予以抵制。在工业资本主义社会，劳资冲突和劳工运动是社会运动的主战场。哈贝马斯认为，劳工运动已经被制度化，吸纳到工会和政党政治中。劳资冲突现在主要通过法律和政治途径来解决。

旧社会运动是在政治体制内争取实现他们的目标。一旦运动局限于系统内部，它们在很大程度上就不再可能激发彻底的变革。
尤尔根·哈贝马斯

生活世界与系统

新社会运动与政治系统保持距离。它们的抗争主要在于拒绝哈贝马斯所说的“生活世界的殖民”。“生活世界的殖民”是指科层制国家和经济体系把手伸到了属于私人领域的社会生活中。

个人的生活世界是通过社会制度来实现的，比如家庭、宗教、学校和社区。哈贝马斯认为我们的生活世界在当代社会已经被消极地破坏了。复杂的经济和科层制系统延伸到了日常生活的方方面面，产生了合法性危机。

“生活世界”指公民所共享的意义，这些意义让他们能够彼此合作，实现社会行动。
公民不再相信国家和经济制度会维护他们的最大利益。

像这样划分新旧社会运动是否合理？**克雷格·卡尔霍恩**（Craig Calhoun，生于 1952 年）认为在分析上将新旧社会运动加以区分是没有依据的。

很多被认为属于当代社会运动的全新特征，其实早在 18 世纪和 19 世纪的一些社会运动中就明显可见。

卡尔霍恩指出，在过去就有不少社会运动追求属于后物质主义的价值观，比如独立自主和自我实现。以前的女权主义运动、民族主义运动、禁酒运动和宗教运动都带有所谓“新”社会运动的特征。比如，19 世纪以来的工匠运动不但是为了更好的工资待遇和工作条件，同时也是为了维护传统工匠和社群，反对资本主义工业化。在卡尔霍恩看来，这些“旧”社会运动也可以看作人们在努力保护自己的“生活世界”。

从另一个角度来考察当代的新社会运动，可以问它们是否具有属于“旧”社会运动的特征。是否还有当代社会运动在关注物质条件与阶级斗争这样的议题？有一些当代的社会运动似乎难以归类，它们既有旧社会运动的要素，也有新社会运动的要素。

当代的反企业全球化运动，比如黑客组织“匿名者”，正是从文化、身份认同和生活方式等议题入手的，但实际上关注的是资本主义生产和分配方式之间的冲突。

民族和民族主义

我们通常默认世界上的人可以自然而然地划分为不同的民族。社会学家则争论民族在多大程度上可以被视为古代的或现代的。社会学家还会讨论随着全球化带来国界和边界的模糊松动，民族在全球化时代的作用。

民族是否是一种反映了人们种族纽带的天然结构？
民族和民族主义是否是社会变迁的产物，并随着工业社会而出现？
在全球化互联互通的世界里，民族扮演了什么角色？

原生论

民族是否由具有相同族群文化和历史的人自然形成的？原生论（primordialism）认为民族起源于有着相同的血脉、亲属关系、种族特征和文化的族群。这一观点认为民族有着悠久的历史。**皮埃尔·凡·登·伯格**（Pierre L.van den Berghe，生于 1933 年）提出了关于民族的一种社会生理学解读。他认为族群有着自己的“亲属网络”，因此族群成员倾向于彼此合作。当族群开始追求自我保护的时候，便形成了民族。族群成员总是聚居在一起。以共同的族群身份生活在一起是人类的核心需求之一。

我们需要照顾好我们的同类。
如果我们待在一起，我们就有更大的生存机会。

族群民族主义和公民民族主义

原生论与族群民族主义息息相关。族群民族主义认为，只有属于同一个族群的人才能算是这个民族的人。族群民族主义具有很大的危险性，因为它会被用来合理化对非本族群的其他成员的暴力行为。

族群民族主义通常是右翼立场，带有仇外与极端排外的特征。
皮埃尔·凡·登·伯格
公民民族主义是包容和自由的。任何获得了公民身份的人，都可以成为这个民族的一分子。

公民民族主义是理解民族的另一种截然相反的方式。公民民族主义对所有公民一视同仁，不会歧视其他种族和族群的人。

维持边界

很少有社会学家认同原生论的立场，因为它将族群视为自然存在的实体，由相同血脉和 DNA 的人组成。大多数社会学家认同族群和民族主义是社会建构出来的概念。这种建构主义的立场认为族群并不具备内在的生理或基因特征。**弗雷德里克·巴斯**（Fredrik Barth，1928—2016）认为，我们不应该将族群理解为生物学意义上的自我延续，也不应该认为族群应有明确的领土边界或客观的文化特征。相反，族群是通过建构和维持边界来将彼此区分开来的。它们在与其他族群的对比中界定自己的身份。族群是社会建构的。

在某些情况下，人们可以改变他们的族群身份。族群本身会变化，甚至会随着时间而慢慢消亡。边界建构是群体之间的社会互动过程。
要么属于他们，要么属于我们。
弗雷德里克·巴斯

现代主义

欧内斯特·盖尔纳（Ernest Gellner，1925—1995）认为，如果说族群是社会建构的，那么民族也是如此。民族主义是现代社会必然的产物。

按照盖尔纳的看法，前现代社会——其特点是存在着大量的文盲并且农村人口的流动水平很低——并不需要民族国家。

现代工业社会的到来引发了剧烈的社会变迁，产生了新的社会分层和个人主义。民族主义由此在现代社会中扮演了关键角色。民族主义是被发明出来的，它是用于让人们团结一致的工具。

在前现代社会，民族没有存在的必要，人们也不需要一个民族身份。是民族主义创造出了民族，而民族在此之前并不存在。

欧内斯特·盖尔纳

现代国家缺乏与人民的紧密联系，它需要灌输统治的合法性。所以，国家创造出民族的观念，要求所有民众予以认同，从而培育出人民的忠诚。

民族主义通过国家的集中化和标准化的方式得到普及。民族身份认同由国家通过教育系统推广开来并得以延续。历史课程是标准化的，这样属于这个民族的每一个孩子都能学习到民族英雄、国王和皇后的伟大事迹。

发明国旗、仪式和国歌，是为了培养公众对于国家的忠诚。学校把孩子们培养成爱国者和忠于国家的公民。

想象的共同体

本尼迪克特·安德森（Benedict Anderson，1936—2016）同意盖尔纳关于民族是被创造出来的观点。但是他特别指出，印刷技术的发展和大众媒体的出现，对于民族主义的发展至关重要。民族观念通过国家级的报纸和大众文学而广为流传。这些印刷媒体，特别是报纸，传播着关于民族认同的共识。原本这个国家不同地区的人民彼此缺乏联系，通过阅读他们突然感受到了一种共同的民族归属感。

民族是“想象的共同体”：民族主义需要人们相信他们属于同一个民族，把民族视为一个享有共同的文化、认同和历史的共同体。
Team GB strikes gold
THE Sun
Team GB strikes gold
THE Sun
Team GB strikes gold
THE Sun
Team GB strikes gold
THE Sun

族群－象征主义

安东尼·史密斯（Anthony D.Smith，1939—2016）声称像盖尔纳和安德森这样的现代主义者过分强调了民族的建构特征。史密斯认为，民族国家是相对现代的产物，但是民族的历史更为悠久。换句话说，民族认同早就存在了，但是民族国家直到 19 世纪末才出现。

史密斯发现，为了创建新的民族国家，建国者们通常要借助既有的族群－民族传统、习俗、认同和仪式。史密斯称之为“族群－象征主义”。民族主义者使用了一系列的神话、记忆、价值和符号，以此来展现这个民族的永恒不朽。

民族主义者运用过去已有的旗帜、古代英雄事迹、故事、歌曲和图片，让人觉得这个民族源远流长。

安东尼·史密斯

在现代主义与原生主义的争论中，族群—象征主义在艰难地调和两种立场：史密斯同意民族国家是一种现代发明，但他不认为民族国家仅仅是为了应对工业社会的挑战而被无中生有地创造出来。建国者们需要借用已有的民族传统。

史密斯同时也批评现代主义立场，认为它无法解释人们对民族主义的激情。它无法回答这个问题：为什么人们会为国捐躯？对史密斯而言，答案在于由共同的记忆和祖先所构成的“神圣共同体”。那些对民族倾注了很深的归属感的人，他们需要相信这个民族是一种原生存在的自然力量。民族主义者通过古老的民族符号和神话，鼓励大家从原生论的角度来看待民族。“上帝的选民”这样的神话就是一种特别有力的叙事。

我们是上帝的选民。我们被上帝选为统治这片土地的人，并分享它对世界的愿景。

全球化和民族主义

民族和民族主义如何回应全球化？**艾瑞克·霍布斯鲍姆**（Eric Hobsbawm，1917—2012）认为民族主义的时代即将走到终点。民族主义之所以被建构出来，是因为它契合以工业化和印刷技术为主导的前一个历史时期。在后工业社会和高度全球化的经济中，民族主义不再扮演必不可少的角色。

普遍认为，民族国家作为一种社会制度，正在变得越来越不重要。随着民族国家整合进入由跨国企业主导的全球经济体，它们在经济决策上的权力大不如前。民族国家在政治决策上的力量也在减弱，如今权力转移到了欧盟、联合国、世界银行和北约这样的跨国组织。我们的文化选择也同样经历了全球化。

我跟网上认识的人有更多的共同点，比来自同一个国家或同一个族群的人的共同点还要多。
艾瑞克·霍布斯鲍姆
在全球化的世界里，民族主义已经无关紧要，因为国家不再拥有任何权力。

但是，民族主义并没有就此消失。自冷战在 1991 年结束后，全球范围内发生过多起严重的民族主义冲突。安东尼·史密斯并不认为到了全球化时代民族就不再重要了。如今，在世界各地出现了新一轮的民族主义浪潮，说明民族观念始终长盛不衰，因为它体现了一些深层次的人类需求。安东尼·吉登斯注意到，在全球化的趋势下，相应地出现了“地方民族主义的复兴”。这就是一个悖论。

安东尼·史密斯
民族国家会存续于全球化时代。
我们需要小民族来帮助人们夺回政治和经济的决策权。

曼纽尔·卡斯特（Manuel Castells，生于 1942 年）对于全球化和民族主义之间的关系有不同的看法。他认为新一轮的民族主义是对全球化的防御反应。全球化在经济、社会和文化方面的影响，破坏了传统的社会和政治联结。国与国之间的边界消失，带来的是社会的不稳定和对未来的不确定感。

民族主义是社会群体面对上述危机时尝试采取的自我防御方式。新一轮的民族主义是以旧式的族群民族主义的形式出现的，带有仇外和排外的特征。

全球化的旋风掀起了世界范围内的防御反应，防御的方式通常是建立民族认同和区域认同。
PASSPORT

曼纽尔·卡斯特

撼动世界?

好吧，你可能会想，社会学或许能够很好地解释我们的世界，但它真的能够带来什么改变吗？你环顾四周后，得出一个合情合理的结论：我们还是生活在一个充斥着个人和群体之间不平等的世界。我们还是面对着父权制、恐同症、经济剥削、排外心理和种族主义。这样看来，社会学在解决社会不平等问题上似乎无能为力？

我真的能够用我的社会学知识为世界带来积极的改变吗？

面对着一门有着上百年历史的学科，我们应该如何评价社会学的“作用”呢？由于社会学家们对于什么是他们所期望的社会没有达成共识，这个问题就变得更加复杂了。

我们要如何证明社会学能够影响公共政策和观念，让社会变得更美好？

就这一点而言，我们可以回应的是，有的社会学观点已经被政府采纳。比如安东尼·吉登斯在20世纪90年代与英国政府围绕社会正义相关的政策展开合作。社会学家也是媒体的常客，受邀分析各种社会现象与问题，帮助公众更好地理解和应对它们。

如果我们把眼光仅仅局限在社会学对政府和政策的影响，我们将忽视这门学科更大的影响力。社会学家**迈克尔·布洛维**（Michael Burawoy，生于 1947 年）认为，我们应该从另一个角度来理解社会学的作用，那就是将它视为一面镜子，透过这面镜子我们得以审视我们自身和我们的社会。

我们时常会看不到这面镜子，或者看不清镜子里的景象。当我们仔细地辨认自己在镜子里的形象，我们就会问这是不是我们喜欢的样子，以及我们能不能让它变得更好。

社会学应该是社会的良知。你看到了什么？
迈克尔·布洛维

参考书目

Ang, I. (2013) *Watching* Dallas*: Soap opera and the melodramatic imagination*. Routledge.

Beck, U. (1992) *Risk Society: Towards a new modernity* (Vol. 17). Sage.

Butler, J. (2011) *Gender Trouble: Feminism and the subversion of identity*. Routledge.

Bourdieu, P. (1984) *Distinction: A social critique of the judgement of taste*. Harvard University Press.

Connell, R.W. (2005) *Masculinities*. University of California Press.

Du Bois, W.E.B., & Edwards, B.H. (2007) *The Souls of Black Folk*. Oxford University Press.

Durkheim, E., & Giddens, A. (1972) *Emile Durkheim: Selected writings*. Cambridge University Press.

Gellner, E. (2008) *Nations and Nationalism*. Cornell University Press. Foucault, M. (1980) Power/Knowledge: Selected interviews and other writings, 1972–1977. Pantheon.

Foucault, M. (2012) *The History of Sexuality, Vol. 2: The use of pleasure*. Vintage.

Fulcher, J., & Scott, J. (2003) *Sociology*. Oxford University Press.

Gilroy, P. (2013). There Ain't No Black in the Union Jack. Routledge.

Goffman, E. (1978) *The Presentation of Self in Everyday Life*. Harmondsworth.

Harvey, D. (1989) *The Condition of Postmodernity: An enquiry into the origins of cultural change*. John Wiley & Sons.

Habermas, J. (1991) *The Structural Transformation of the Public Sphere: An inquiry into a category of bourgeois society*. MIT Press.

Hochschild, A.R. (2003) *The Managed Heart: Commercialization of human feeling*. University of California Press.

Inglehart, R. (2015) *The Silent Revolution: Changing values and political styles among Western publics*. Princeton University Press.

Lyon, D. (2001) *Surveillance Society: Monitoring everyday life*. McGraw-Hill Education (UK).

Lyotard, J.F. (1984) *The Postmodern Condition: A report on knowledge* (Vol. 10).

University of Minnesota Press.

Macionis, J.J., & Plummer, K. (2005) *Sociology: A global introduction*. Pearson Education.

Mills, C.W. (2000) *The Sociological Imagination*. Oxford University Press. Modood, T. (2013) *Multiculturalism*. John Wiley & Sons.

Ritzer, G. (2011) *The McDonaldization of Society*. Pine Forge Press.

Robertson, R. (1992). *Globalization: Social theory and global culture* (Vol. 16). Sage.

Wallerstein, I.M. (2004). World-Systems Analysis: An introduction. Duke University Press.

Weber, M. (2002). The Protestant Ethic and the Spirit of Capitalism: And other writings. Penguin.

索引

acting 行动
puppet theatre，society as 社会作为提线木偶剧场 10, 52
social actors 社会行动者 52
emotional performance 情感表演 53–54
action frame of reference 行动参照框架 42
Ang, Ien 洪美恩 131
aesthetic taste 审美品位，class and 阶级与审美品位 75–76
analytical realism 分析性现实主义 41
Anderson, Benedict 本尼迪克特・安德森 161
assimilation 同化 111, 116
asylum 精神病院 58–60, 63

Barth, Fredrik 弗雷德里克・巴斯 158
Bauman, Zygmunt 齐格蒙特・鲍曼 2, 8, 68, 117
Beck, Ulrich 乌尔里希・贝克 133–134, 136, 139–140
Becker, Howard 霍华德・贝克 4
Bentham, Jeremy 杰里米・边沁 62
Berger, Peter 彼得・伯格 10, 52
bias, sociological 偏见，社会学的偏见 34, 67, 84
Blumer, Herbert 赫伯特・布鲁默 43–45, 49
Boas, Franz 弗朗兹・博厄斯 112–113
Bourdieu, Pierre 皮埃尔・布迪厄 1–2, 69–79
Burawoy, Michael 迈克尔・布洛维 169
bureaucracy 科层制 35, 36, 40, 63, 152
Butler, Judith 朱迪斯・巴特勒 92–93

Calhoun, Craig 克雷格・卡尔霍恩 153
capitalism 资本主义 14
and alienation 资本主义和异化 25
and bureaucracy 资本主义和科层制 40
and globalization 资本主义和全球化 123–126
and conflict 资本主义和冲突 151, 153, 154
see also Marx *另请参阅*卡尔・马克思
and Protestant work ethic 资本主义和新教伦理 37–39
and race 资本主义和种族 101
and specialization 资本主义和专业分工 40, 47
Castells, Manuel 曼纽尔・卡斯特 166
categorization 分类 56, 60
and social constructs 分类和社会建构 60
and criminology 分类和犯罪学 61
change 改变
individuals' power to 个人的力量可以带来改变 8–10, 26, 84, 100, 139–140, 145, 146, 150–151, 167–169
social institutions' power to 社会制度的力量可以带来改变 13, 37, 142
city 城市
human ecology of 人类生态系统 of 49
study of 城市研究 45–49
class consciousness 阶级意识 27
classes, social 阶级，社会阶级 22, 24–26, 70, 77–78
in 21st-century Britain 21 世纪英国的社会阶级 79
bias in education system 教育系统中的阶级偏见 70–71, 74
social (*continued*) conflict between 社会阶级之间的冲突 22, 24
and cultural capital 社会阶级和文化资本 74–76
determining 阶级的决定因素 77–79
and masculinity 社会阶级和男性气质 96
origins of 阶级的起源 14
stratification 社会分层 46

taste as legitimization of difference between 品位作用于合法化阶级差异 48, 75–76
community 社区 46, 138, 152, 161, 163
gemeinschaft 社区 46
Comte, Auguste 奥古斯特・孔德 16–20, 21, 28, 80, 83
concepts 概念 34, 41–42
Connell, R.W. 康奈尔 95, 98–99
consumerism 消费主义
conspicuous consumption 炫耀性消费 48
data about 关于消费的数据 64–65
failed consumers 失败的消费者 68
and globalization 消费主义与全球化 123, 127, 130
invidious consumption 招妒性消费 48
cosmopolitan vision 世界性的视野 140–141
crime 犯罪 31
and punishment 犯罪与惩罚 61–62
racialized 种族化的犯罪 106
see also surveillance cultural *另请参阅*监控
capital 文化资本 71–74, 76, 78–79, 96
embodied capital 具身化资本 72
objectified capital 客观化资本 73
institutionalized capital 制度化资本 73
cultural consumption 文化消费 75–76
cultural heterogeneity 文化异质性 126, 130–131
cultural homogeneity 文化同质性 126–29
cultural identity 文化身份认同 46, 70–76, 92, 103, 108–116, 118, 127, 130, 132, 156, 161
cultural relativism 文化相对主义 113

Darwin, Charles 查尔斯・达尔文 21
data 数据 32, 60, 63–65, 82, 100
de Beauvoir, Simone 西蒙娜・德・波伏娃 87
discourse 话语 56, 105, 110
disenchantment 祛魅 36
division of labour 劳动分工 18, 29, 89, 97, 101
organic solidarity 有机团结 29
mechanical solidarity 机械团结 29
Du Bois, W.E.B. 杜波依斯 100–103
Durkheim, Émile 埃米尔・涂尔干 28–33, 34, 40, 41, 49

economic capital 经济资本 78, 96
economic structure 经济结构 22–23, 37–39, 101, 123–125, 127, 139, 148, 152, 164–166
education system 教育系统 70–71, 74
emotional labour 情感劳动 53–54, 97
deep acting 深层行动 54
surface acting 浅层行动 54
Enlightenment 启蒙运动 12, 58, 80
essentialism 本质主义
and culture 本质主义和文化 118
and gender 本质主义和性别 86, 93
ethno-symbolism 族群–象征主义 162–163

false consciousness 虚假意识 27
family 家庭 17, 42, 87, 97, 152
flight attendants 空乘服务员 53–54
Foucault, Michel 米歇尔・福柯 55–63, 80
French Revolution 法国大革命 14
functionalism 功能主义 21
structural 结构功能主义 41–44, 89–90

Gellner, Ernest 欧内斯特・盖尔纳 159–160
gender 性别
biological determinism 生理决定论 86
and inequality 性别和不平等 85, 86, 93–96, 167
and Islamophobia 性别与伊斯兰恐惧症 110
masculinity 男性气质 95–99

performance 性别表演 90–93
and race 性别和种族 106
roles 性别角色 88–89
vs. sex 性与性别 87
social construction of 性别的社会建构 87–88, 90–91, 94
and sociology 性别和社会学 85
Giddens, Anthony 安东尼·吉登斯 122, 146, 165, 168
Gilroy, Paul 保罗·吉尔罗伊 106–107
globalization 全球化 119–133, 139
cultural heterogeneity 文化异质性 126, 130–131
cultural homogeneity 文化同质性 126–129
time–space compression 时空压缩 120–121, 126
time–space distanciation 时空分延 122
global civil society 全球公民社会 141–145
global social movements 全球社会运动 143–147
LGBTQ 性少数群体运动 150
new social movements 新社会运动 147, 149–154
Occupy 占领运动 143–144
old social movements 旧社会运动 147, 151, 153–154
glocalization 全球本土化 132
Goffman, Erving 欧文·戈夫曼 10, 50–52, 53, 91

Habermas, Jürgen 尤尔根·哈贝马斯 151–152
Harvey, David 大卫·哈维 120–121
Hegel, G.W. 黑格尔 13
historical materialism 历史唯物主义 22
historicism 历史主义 83
Hobsbawm, Eric 艾瑞克·霍布斯鲍姆 164
Hochschild, Arlie 阿莉·霍赫希尔德 53–54

ideal type 理想类型 35
impression management 印象管理 52
individualism 个人主义 33, 47, 48, 110
in risk society 风险社会中的个人主义 138
Industrial Revolution 工业革命 14
industrial society 工业社会 25, 28, 29, 42
alienation 异化 25, 54
and first modernity 工业社会和第一现代性 135
Inglehart, Ronald 罗纳德·英格尔哈特 148
insanity, and sanity 疯狂，疯狂和理性 58–60
interculturalism 跨文化主义 118
iron cage 铁牢笼 36, 40
Islamophobia 伊斯兰恐惧症 109–110

knowledge and power 知识和权力 56–59, 61, 80, 82
the field 范围 82
legitimation 合法化 82

labour 劳动
and class 劳动和阶级 77
division of 劳动分工 18, 29, 89, 97
emotional 情感劳动 53–54
exploitation of 对劳动的剥削 101–102, 123–124, 141
movement 劳工运动 151
language 语言
as social institution 语言作为社会制度 18
and discourse 语言和话语 56
and race 语言和种族 105, 106, 108,114
law of three stages 三阶段定律 19
lifeworld 生活世界 152–153
Locke, John 约翰·洛克 12
Lyon, David 大卫·里昂 64–65
Lyotard, Jean-François 让–弗朗索瓦·利奥塔 81–82

macrosociology 宏观社会学 50
madness 疯癫，*see* insanity *参阅*疯狂
Malik, Kenan 凯南・马利克 117
Marx, Karl 卡尔・马克思 22–27, 28, 37, 40, 54, 77, 81

Marxist analyses 马克思主义分析
of globalization 全球化的马克思主义分析 126–127
of racism 种族主义的马克思主义分析 102
masculinity 男性气质
hegemonic 霸权式男性气质 95–96
homosexual 同性恋的男性气质 99
in crisis 男性气质的危机 98
in transformation 变迁中的男性气质 97
McDonaldization 麦当劳化 128–129
Melucci, Alberto 阿尔贝托・梅卢奇 147–149
meritocracy 精英主义 70
metanarratives 元叙事 81–82
microsociology 微观社会学 50
migration 移民 104–111
Mills, C. Wright 赖特・米尔斯 6–7
modernism 现代主义 159–163
vs. primordialism 现代主义和原生论 163
modernity 现代性 29–30, 33, 36–37, 39, 40, 42, 46–47, 55–56, 59–64, 69, 77
first modernity 第一现代性 134–135
second modernity 第二现代性 136–137
Modood, Tariq 塔里克・莫都德 115–116
morality 道德 29, 31, 34, 38
multiculturalism 多元文化主义 111–116
critiques of 批评多元文化主义 117–118
vs. essentialism 多元文化主义和本质主义 118
vs. individual-integrationist approach 多元文化主义和个体—融合主义取向 115

nation 民族 155–156, 159–165
nation-state 民族国家 13, 139–140, 162–165
nationalism 民族主义 155, 157–166
civic 公民民族主义 157
ethnic 族群民族主义 108, 157
ethno-symbolism 族群 – 象征主义 162–163
and globalization 民族主义和全球化 164–166
and print media 民族主义和印刷媒体 161
on school curricula 学校课程中的民族主义 160
norms 规范 30, 31, 54, 72, 97, 111, 142

observation, in sociology 观察，在社会学中的观察 16, 34, 41, 100

panopticon 全景监狱 62–63, 65
Parsons, Talcott 塔尔科特・帕森斯 41–42, 88–89
patriarchy 父权制 94–96, 98, *see also* gender *另请参阅*性别
positivism 实证主义 16, 84
post-materialism 后物质主义 148–149, 153
postmodernism 后现代主义 80–84
power *see* knowledge and power 权力，*参阅*知识和权力
primordialism 原生论 156–158
vs. modernism 原生论和现代主义 163
prison 监狱 61–63
Protestant 新教
asceticism 信教的禁欲主义 38–39
suicide rates 新教徒的自杀率 32–33
work ethic 新教伦理 37–39
public sociology 公共社会学 8, 26, 100, 150, 168
puppet theatre, society as 提线木偶剧场，社会作为提线木偶剧场 10, 52

race and ethnicity 种族和族群 100–105
double consciousness 双重意识 103
and gender 种族和族群与性别 106
Marxist analysis of 种族和族群的马克思主义分析 102
see also migration *另请参阅*移民
and nationalism 种族和族群与民族主义 156–159
racialization 种族化 105–106
racism 种族主义 101, 105
cultural 文化种族主义 106–110
scientific 科学种族主义 112
structural or institutional 结构或制度种族主义 101–103, 105
rational society 理性社会 36–40, 63 128–129
rationalism 理性主义 12, 16, 19–20, 36

religion 宗教
as social institution 宗教作为社会制度 14, 17–18, 37
vs science and rationality 宗教与科学和理性 12, 20
risk society 风险社会 133–134, 136–139
Ritzer, George 乔治・瑞泽尔 128–129
Roberston, Roland 罗兰・罗伯森 132

Simmel, Georg 格奥尔格・齐美尔 47
small-scale, traditional society 小规模传统社会 29, 36, 45–46, 122, 135, 153
Smith, Anthony D. 安东尼・史密斯 D. 162–163, 165
social action 社会行动 35, 43, 152
social capital 社会资本 78
social constructivism 社会建构论 56–57, 60, 87–88, 90, 158–159
social dynamics 社会动力学 17, 21
social evolution 社会进化 21
social facts 社会事实 30–32, 34, 41
social progress 社会进步 80–84
social statics 社会静力学 17, 21
social structures 社会结构 5
society 社会
existence of 社会的存在 3
gesellschaft 社会 46
as formed by institutions 社会由制度构成 3, 5, 13, 17–23, 56, 58, 64, 105, 152, 164
sociological imagination 社会学的想象力 6–7, 8, 27
sociology 社会学
role, or aim, of 社会学的角色或目标 1–2, 42 , 100, 167–169
definition of 社会学的定义 4–5
birth of 社会学的诞生 11–15
naming 社会学的命名 16
scientific 科学的社会学 28, 83–84
solidarity 团结 28, 29, 33
mechanical solidarity 机械团结 29
organic solidarity 有机团结 29
specialization 专业分工 21, 29, 40, 47, 59, 63
Spencer, Herbert 赫伯特・斯宾塞 21
state, *see* nation 国家，*参阅*民族
structural functionalism 结构功能主义 41–42, 43, 89
subjective meaning 主观意义 44
suicide 自杀 32–33
surveillance 监控 56, 57, 58, 61–63, 64–68
CCTV 闭路电视监控 66–68
survival of the fittest 适者生存 21
symbolic interactionism 符号互动论 43–44
interaction order 互动秩序 51–52, 91

technological advance 技术进步 14, 80–82, 120–124, 129, 137, 164
Thatcher, Margaret 玛格丽特・撒切尔 3
Tönnies, Ferdinand 斐迪南・滕尼斯 46

University of Chicago/Chicago School 芝加哥大学 / 芝加哥学派 45, 49
Park, Robert 罗伯特・帕克 49
Blumer, Herbert 赫伯特・布鲁默 43–45, 49
Burgess, Ernest 欧内斯特・伯吉斯 49
urbanization 城市化 45–49

van den Berghe, Pierre L. 皮埃尔・凡・登・伯格 156–157
Veblen, Thorstein 索尔斯坦・凡勃伦 48

Wallerstein, Immanuel 伊曼纽尔・沃勒斯坦 123–125
Weber, Max 马克斯・韦伯 34–40, 41, 56, 63, 128
world-system theory 世界体系理论 123–125
core states 中心国家 124–125, 127
peripheral states 边缘国家 124–125, 127
semi-peripheral states 半边缘国家 124–125

xenophobia 排外观念 108, 138, 157, 166–167

图画通识丛书

第一辑

伦理学
心理学
逻辑学
美学
资本主义
浪漫主义
启蒙运动
柏拉图
亚里士多德
莎士比亚

第二辑

语言学
经济学
经验主义
意识
时间
笛卡尔
康德
黑格尔
凯恩斯
乔姆斯基

第三辑

科学哲学
文学批评
博弈论
存在主义
卢梭
瓦格纳
尼采
罗素
海德格尔
列维－斯特劳斯

第四辑

人类学
欧陆哲学
现代主义
牛顿
维特根斯坦
本雅明
萨特
福柯
德里达
霍金